노동 없는 미래,
새로운
복지가
필요해

노동 없는 미래, 새로운 복지가 필요해

AI 시대, 정의로운 분배를 위한 상상력

김상희·김한솔·정민정·한선아 지음 | 대안사회교사모임 기획

곰곰

프롤로그

100년 전 사람들은 어떤 미래를 상상했을까?

더 나은 내일을 향해

오래전에 사람들은 미래를 어떻게 상상했을까요? 1900년 파리 만국박람회에 전시되었던 그림들은 19세기 말 사람들이 상상했던 2000년도의 모습을 보여 줍니다. 2000년은 지금 우리에겐 이미 과거가 되었지만, 당시 사람들에게는 100년 이후라는 먼 미래였죠.

화상 통화(위)와 해저 버스(아래)

19세기 말 장 마르크 코테(Jean-Marc Côté)를 비롯한 프랑스 예술가들이 그린 엽서 시리즈 중 일부다. 상대방을 보며 통화하는 화상 통화와 고래가 끄는 해저 버스를 표현했다.

먼저, 첫 번째 그림을 살펴볼까요? 다리를 꼬고 앉은 한 남성이 전화기를 손에 든 채 화면을 바라보고 있습니다. 1876년 미국의 과학자 알렉산더 그레이엄 벨(Alexander Graham Bell)이 아메리칸 벨이라는 전화 회사를 설립하면서 일상생활에서도 전화기를 사용할 수 있게 되었어요. 당시 사람들은 멀리 떨어져 있는 사람과 대화를 나눌 수 있다는 사실에 들떴을 거예요. 전화기는 분명 획기적인 발명품이었겠지만, 여전히 사람들은 전화 통화를 하며 상대방을 보고 싶었을 테죠. 사람은 눈빛과 표정으로도 말을 하니까요.

그 아래 그림을 보면 사람들이 고래가 끄는 잠수정을 타고 깊은 바닷속을 자유롭게 누비고 싶어 했다는 것을 알 수 있습니다. 그런데 왜 고래일까요? 자동차가 아니라 말이 끄는 수레를 타고 다녔던 사람들은 무언가를 움직이게 하는 힘(동력)은 당연히 동물로부터 얻을 수 있다고 생각했거든요. 사람들은 대부분 자신이 경험하는 세계의 연속선상에서 미래를 상상하지 않았나 싶습니다.

어떤 미래를 상상할까?

우리는 삶을 더 나은 방향으로 바꾸어 나가려고 합니다.

높은 수준의 기술을 개발하고자 여러 시행착오를 거친 끝에 영상통화 기능이 담긴 스마트폰과 화석연료나 핵에너지로 움직이는 잠수정이 발명되었죠. 과학기술의 발전이 더 나은 미래를 위해 꼭 필요하다는 건 부정할 수 없는 사실일 거예요. 하지만 더 나은 미래를 위해서는 새로운 기술에 대한 상상력, 그 이상의 고민이 필요합니다. 전에 없던 새로운 기술의 등장으로 우리 생활이 한층 편리해질 수도 있지만 그에 따른 새로운 문제도 발생하기 때문입니다.

몇 년 전부터 종업원이 직접 주문을 받는 대신 키오스크를 이용하는 식당이 늘어나고 있습니다. 알고리즘이 나의 취향에 걸맞은 재미있는 영상을 추천해 주고, 챗GPT와의 대화 몇 번으로 일상적인 정보부터 전문 지식까지 손쉽게 얻을 수 있게 되었죠. '4차 산업혁명'으로 로봇과 인공지능이 많은 일을 담당하는 미래는 어떤 모습일까요? 어떤 사람들은 더 이상 힘들고 어려운 일을 할 필요가 없으니 윤택한 생활을 할 수 있을 거라고 기대합니다. 다른 한편에서는 소수의 특권층만 그런 생활을 누릴 수 있을 거라고 말하기도 하죠. 인공지능 때문에 일자리를 잃게 된 대다수의 사람들과 소수의 특권층으로 양극화된 사회가 될 거라고요.

타임머신을 타고 미래에 다녀오지 않는 한 어느 쪽 주장이 옳은지 단언하기는 쉽지 않을 거예요. 하지만 분명한 사실은 지금 우리가 마주하고 있는 일과 생산의 변화로 인해 어려움을 겪게 될 사람들이 있다는 것입니다. 그 어려움은 우리 모두와 밀접하게 연관되어 있을 가능성이 높고요. 우리가 기술의 진보만큼이나 기술혁신의 그늘에 관심을 가져야 하는 이유입니다. 우리는 이런 어려움에 처한 사람들을 어떻게 보호하고 더 건강한 공동체를 만들어 나갈 수 있을지 고민해야 합니다.

이제부터 이런 고민에 대한 해답을 찾아가기 위해 지금까지 인류가 먹고사는 데 필요한 것들을 어떻게 생산하고 나누어 왔는지 살펴보려고 합니다. 미래의 생산방식은 어떻게 달라질지, 그리고 그런 변화로 고통받게 될 사람들을 위해 어떤 제도가 필요한지까지도 말이죠. 앞으로 우리가 살아갈 미래의 사회 제도를 어떻게 설계해야 모든 사람이 더불어 더 잘 살 수 있을지 고민해 보면 좋겠습니다.

차례

1

모두가
잘먹고
잘살 수 있을까?

먹고사는 게 문제야

장인은 어떻게 임금노동자가 되었을까?

최초의 인류는 산과 들을 돌아다니며 사냥을 하거나, 풀뿌리 또는 열매를 먹으며 주린 배를 채웠습니다. 추위와 비바람을 피해 동굴에서 잠을 청했죠. 그러다 1만 년 전 어느 날, 기후가 따뜻하고 야생 곡물이 번성한 지역에 농사짓는 사람들이 등장합니다. 인류가 생존하는 데 꼭 필요한 먹을거리를 얻는 방식이 근본적으로 변화한 것이죠. 역사가들은 이를 농업혁명이라고 부릅니다.

당시 사람들은 생활에 필요한 물건이나 도구를 스스로 만들어 사용했습니다. 모든 것을 직접 제작하는 것은 쉬운 일이 아니었어요. 시간도 오래 걸리고 물건의 만듦새에 만족하지 못하기도 했죠. 그런데 마을에는 남들보다 뛰어난 솜씨를 가진 사람도 있었습니다. 마을 사람들은 그에게 물건을 만들어 달라고 부탁하면서 답례로 곡식을 주기도 했어요. 이런 일이 잦아지면서 그는 농사를 짓는 대신 이웃에게 필요한 물건을 만들어 주는 일에 집중하는 편이 낫겠다는 생각을 하게 됩니다.

그는 오랜 기간 많은 작업을 소화하며 질 좋은 물건을 만들어 냈습니다. 자신만의 노하우를 쌓아 제작에 필요한 도구들을 더 유용하게 개량한 덕분에 전문적인 작업도 할 수 있었죠. 장인이 등장한 것입니다. 장인은 상인으로부터 물건을 의뢰 받기는 하지만 자신만의 제작 방식과 계획에 따라 수공품을 만들며 생계를 이어 갔습니다. 상인은 장인이 만든 수공품을 필요한 사람들에게 판매해 먹고사는 문제를 해결했죠. 물론 사람들 대부분은 여전히 농사를 지으며 살아갔어요. 장인들은 처음부터 끝까지 수작업으로 물건을 제작했기 때문에 모든 물건은 사람들에게 필요한 만큼만 만들어졌죠. 물건이 귀하니 아끼고

고쳐 가며 오래도록 사용하는 것이 미덕인 시대였습니다.

세월이 흐르며 생산방식에 다시 한번 변화가 일어납니다. 지금까지는 장인 혼자 하나의 물건을 만드는 데 필요한 작업 전체를 책임졌는데, 이제는 상인이 제공하는 장소에 노동자들이 모여 각 생산과정을 나누어 담당하게 되었습니다. 분업이 시작된 거죠.

트럼프 카드를 예로 들어 생각해 볼까요? 예전에는 상인으로부터 주문을 받은 장인이 그림을 인쇄하고, 종이를 자르고, 포장하는 모든 공정을 혼자 맡았습니다. 상인은 작업 과정이나 속도에 관여할 수 없었기 때문에 물건을 더 많이 사고 싶어도 어찌할 도리가 없었죠. 이게 답답했을까요? 장사로 돈을 모은 상인은 생산공정을 여러 장인에게 나누어 맡기기로 합니다. 한 사람은 그림 인쇄만, 다른 사람은 카드를 규격에 맞게 자르는 일만, 또 다른 사람은 포장만 하는 식으로 생산공정을 구분한 거죠.

상인은 세 명의 장인을 한 장소, 즉 공장에 모아 놓고 일을 지시하며 생산 전반을 통제하기 시작합니다. 한 명이 한 가지 일만 맡으니 일을 익히기도 수월해져 특출난 기술이 없는 사람도 일을 할 수 있게 되었습니다. 단순 작업을 반복하는 과정에서 요령이 붙고 속도도 빨라져 장인 못지않게 생산성을 높일 수 있었죠. 상인들은 더 이상 공장 밖의 장인에게 일을 맡길 필요가 없었습니다. 이제 숙련된 기술을 가진 장인들도 공장에서 불러 주지 않으면 일거리를 얻기 어려워집니다. 일은 임금을 받고 상인의 지시대로 제 몫을 다하기로 약속한 노동자의 몫이 되었습니다.

사람의 손을 대신하는 기계

상인들은 물건을 사고팔아 모은 자금으로 공장을 늘려갔습니다. 이렇게 생산을 위해 투자하는 자금을 자본이라고 합니다. 자본을 바탕으로 공장을 세워 생산과정을 통제하는 사람들은 자본가라고 부르죠. 이제 생산의 핵심은 공장에 고용된 노동자가 자본가의 지시에 따라 상품을 만들어 내는 것으로 바뀝니다.

장인이 제작하던 물건은 자본가가 세운 공장에서 생산되어 시장에서 거래되는 상품이 됩니다. 상품의 거래 과정에서 이윤이 창출되고, 창출된 이윤은 다시 더 많은 상품을 만들기 위한 자본으로 투자되는 생산방식이 자리 잡았죠. 여기서 자본주의 시장경제 체제의 두 가지 특징을 발견할 수 있어요. 바로 자본을 통한 생산과 상품의 시장 거래입니다.

자본가들은 상품을 더 효율적으로 생산하기 위한 고민을 멈추지 않았습니다. 분업에 분업을 더해 생산과정을 더 촘촘하게 나누었어요. 일이 훨씬 단순해졌겠죠? 기계가 도입되기 좋은 조건이 갖춰지고 있는 셈이었습니다.

18세기에 이르자 중요한 기술적 진보가 일어나기 시작합니다. 1733년 영국의 존 케이(John Kay)는 사람의 손을 대신해

맨체스터 시청 대강당 벽화의 일부

방직 기술의 발달로 실직을 염려한 노동자들이 공장에 침입을 시도하자, 존 케이의 친구들이 그를 넓은 천에 감싸 피신시키는 중이다.

자동으로 씨실(가로실)을 넣어 주는 장치인 플라잉 셔틀을 발명했어요. 그 결과 면직물의 생산성이 무려 네 배나 높아졌습니다. 문제는 실을 뽑는 속도가 면직물을 짜는 속도에 미치지 못했다는 거예요. 면직물을 짜려면 먼저 그 재료인 면실이 필요한데 말이죠. 물레를 이용하는 전통적인 방식으로는 목화에서 한 번에 한 가닥의 실만 뽑아낼 수 있었기 때문에 영국은 실을 수입하는 지경에 이르렀습니다.

1764년 영국의 제임스 하그리브스(James Hargreaves)가 발명한 기계는 이런 문제를 시원하게 해결해 주었습니다. 그는 한

번의 작업으로 여덟 가닥의 실을 뽑아낼 수 있는 기계를 고안했고, 아내의 이름을 따 제니 방적기라고 불렀습니다. 면실의 생산성이 크게 향상되었죠. 5년 후인 1769년에는 수력을 이용해 실을 뽑을 수 있는 수력 방적기가 발명되었습니다. 리처드 아크라이트(Richard Arkwright)가 만든 이 방적기는 한 번에 네 가닥의 실을 뽑을 수 있었지만 강력한 수력으로 작동했기 때문에 한 번에 여덟 가닥을 뽑는 제니 방적기보다 생산 시간을 단축할 수 있었어요.

같은 해 면직물 생산에 또 한 번 변화가 나타납니다. 제임스 와트(James Watt)가 증기기관을 획기적으로 개량해 산업에 활용하기 시작한 것입니다. 인류는 사람의 손이 아닌 기계가 상품을 생산하는 시대, 사람이나 동물 대신 화석연료로부터 기계를 작동시킬 동력을 얻는 시대를 마주하게 되었습니다. 산업혁명 시대가 열린 것입니다.

사실 아크라이트가 개발한 수력 방적기로 뽑아낸 실은 숙련된 노동자가 만든 것에 비해 거칠고 두꺼웠습니다. 그 실로 만든 면직물의 품질도 당연히 좋지 못했어요. 그러나 사람과 달리 기계는 잠을 자거나 밥을 먹지 않아도 되고 피로를 느끼지도 않았습니다. 그저 묵묵히 같은 속도로 일정한 품질의 상품을 생산해 냈죠. 자본가들은 공장에 점점 더 많은 기계를 들여놓기 시작했어요.

특히 유럽의 다른 국가에 비해 상대적으로 노동자의 임금이 높았던 영국에서 기계에 대한 수요가 많았습니다. 노동자들은 공장 한편을 차지하는 기계들을 보면서 두려움을 느꼈어요. 기계들이 자신들의 일자리를 넘보고 있었거든요. 이에 일부 노동자는 공장을 습격해서 불을 지르고 기계를 부수는 러다이트 운동을 벌였습니다. 이런 일들이 잦아지자 1812년 영국 의회는 기계를 파괴하는 사람들을 사형에 처하는 법안을 만들기에 이릅니다.[1]

사회적 갈등이 고조되는 가운데 기계는 발전을 거듭합니다. 나중에는 200~300명이 할 일을 방적기 한 대가 해낼 정도가 되었죠. 방적기의 발달로 실의 대량생산이 가능해지면서 면직물도 대량으로 생산할 수 있게 되었습니다. 영국에서 생산된 면직물은 전 세계로 수출되었고, 1820~1870년까지 50여 년 동안 엄청난 경제성장을 이끌었습니다.

영국 자본가들은 높은 임금을 주어야 하는 숙련 노동자를 해고하는 대신 어린이나 여성, 농촌에서 도시로 이주한 비숙련 노동자들을 매우 낮은 임금으로 고용했습니다. 기계에 연결된 실이 끊어지지 않도록 실패를 교체해 주는 정도의 단순한 기술만 가르치면 일을 시킬 수 있었거든요. 숙련 노동자들이 갖고 있던 기술은 더 이상 필요하지 않았습니다. 이제 숙련 노동자들도 낮은 임금과 열악한 노동조건을 감수해야 고용될 수 있다는 뜻이었죠.

노동자들의 삶은 바닥으로 추락했습니다. 대부분 일주일에 6일간 하루 13시간, 많게는 16시간까지 일했습니다. 목화를 취급하는 면직물 공장에서 발생하는 먼지 때문에 폐질환을 앓는 노동자도 많았죠. 비좁은 방에 15~20명이 모여 살았고, 화장실 하나를 수백 명이 함께 쓰는 일도 흔했습니다.[2] 산업혁명으로 생산량은 비약적으로 증가했지만 사람들의 생활수준은 오히려 떨어진 것이죠.

노동자들은 건강과 안전을 위협하는 일터, 최소한의 생계조차 보장되지 않는 낮은 임금을 더는 견딜 수 없었습니다. 조직을 만들어 자신들의 권리를 요구하기 시작했죠. 자본주의 시장경제 체제에 맞서 평등한 사회를 만들려는 움직임도 나타났어요. 독일의 사상가이자 경제학자인 카를 마르크스(Karl Marx)와 프리드리히 엥겔스(Friedrich Engels)는 런던에서 '공산당 선언'을 발표하며 공산주의 혁명을 통해 모든 사회 구성원이 재산을 공동으로 소유하는 사회를 만들자고 주장합니다. 한편 자본주의를 완전히 철폐하기보다 자본을 규제하는 법안과 복지 제도를 만들어야 한다는 다소 온건한 입장도 등장했어요.

이런 분위기에서 1838년 영국의 노동자들은 참정권을 요구하는 차티스트 운동을 벌입니다. 10년의 투쟁 끝에 노동당 창당의 토대가 마련되었고, 1867년 마침내 참정권을 쟁취합니다. 이로써 노동자도 의회에 진출해 법과 제도를 만드는 일에 참여하게 됩니다. 드디어 산업재해 보험, 건강보험, 노령연금, 실업보험과 같은 사회보장제도와 노동자를 보호하는 법이 만들어지기 시작합니다.

고도 산업사회의 등장

1870년대부터 서서히 임금이 오르고, 노동시간도 조금씩 줄어들었습니다. 어린이의 고용도 제한되었고요.[3] 철도가 주요 도시를 연결하고, 수백 척의 증기선이 대서양을 오가며 물자를 실어 날랐습니다. 런던과 뉴욕 같은 대도시에는 지하철도 개통됩니다. 전신·전화와 같은 통신 기술도 엄청난 속도로 발전하죠. 특히 이 시기에는 대량생산 시스템이 발명되면서 생산비가 상당히 줄어듭니다. 기업들이 작업 수칙을 만들고, 생산과정을 체계적으로 관리하기 시작했거든요.

미국의 헨리 포드(Henry Ford)는 1903년 포드자동차라는 회사를 설립하며 이런 시스템을 더욱 발전시켰어요. 자동차 부품

1913년 미국 포드자동차의 공장노동자

포드는 거대한 띠 모양의 장치인 컨베이어 벨트를 이용해 자동차의 부품이 한 방향으로 이동하는 작업 형태를 고안했다. 컨베이어 벨트는 일정한 속도로 쉬지 않고 움직이기 때문에 사람이 기계의 속도에 맞춰 일을 해야 했다.

의 규격은 일정하게, 생산하는 제품의 종류는 단순하게 만들었죠. 또 작업을 전문화해서 각각의 공정에 맞는 기계와 노동자는 그 작업에만 투입하고, 컨베이어 벨트를 이용한 이동식 조립 방법을 채택했습니다. 포드는 이러한 혁신적인 시스템 덕분에 자동차의 대량생산에 성공했어요. 자동차 한 대당 조립 시간이 12시간 30분에서 1시간 33분으로 크게 줄었고, 새로 선보인 'T형 포드' 자동차의 가격은 1908년 825달러에서 1920년에

는 255달러로 낮아졌습니다.[4]

생산력이 향상되면서 기업의 규모도 커졌겠죠? 기업과 거래하는 은행도 몸집을 불렸고, 금융과 관련된 위험도 그만큼 높아졌습니다. 은행이 파산하면 예금을 맡긴 개인이나 기업도 함께 파산하는데, 은행의 규모가 커질수록 피해를 입는 개인과 기업도 많아지기 때문이죠. 이런 위험을 줄이기 위해 은행의 은행 역할을 하는 중앙은행이 만들어지고 금융 제도가 정비됐습니다. 대량생산 시스템과 함께 자본주의 시장경제가 고도로 성장한 것입니다.

자본주의 시장경제 체제와 산업사회는 인류의 삶을 완전히 바꾸어 놓았어요. 사람들은 도시에서 공장노동자로 살아가며 자신의 노동을 팔아 얻은 임금으로 생계를 이어 갔습니다. 기계는 일정한 품질을 유지하며 빠른 속도로 제품을 생산했고, 비교적 많은 사람이 물질적 풍요를 누리며 윤택한 생활을 하게 되었죠. 동시에 다양한 사회문제도 나타났습니다. 그래서 사람들은 더 나은 사회를 계속해서 갈망했습니다. 당연히 기술의 발달도 멈추지 않았죠.

노동자를 망치러 온 구원자, 로봇

포드시스템 X 로봇

산과 들을 누비며 식물을 채집하고 사냥을 했던 인류는 안정적으로 식량을 얻기 위해 농사를 시작했어요. 손으로도 물건을 만들 수 있지만 더 빠르게, 더 많이 생산하기 위해 기계를 제작하고 석탄이나 석유와 같은 화석연료를 이용해 기계를 작동시켰죠.

그렇다면 이제 인류는 무엇을 꿈꾸고 있을까요? 우리가 상상하는 미래는 기계를 이용한 대량생산 시스템을 더 발전시키는 길 위 어딘가에 있을 겁니다. 20세기에 등장한 대량생산 시스템은 여전히 중요한 역할을 하고 있지만 그 형태는 조금 달라졌습니다. 더 빨리, 더 많이, 더 나은 상품을 생산하려는 욕망은 멈추지 않았고, 일터는 계속 변하고 있으니까요.

20세기 초에는 사람도 기계처럼 일을 하게 하려고 컨베이어 벨트를 돌렸습니다. 그런데 이제는 산업용 로봇이 사람이 담당했던 다양한 육체노동을 대신하고 있어요. 자동차 생산 시스템을 살펴볼까요? 로봇은 엄청난 힘으로 철판을 재단하고 구부려 자동차 프레임을 만들고 페인트칠을 합니다. 로봇이 이런 힘든 작업을 끝내면 비로소 인간 노동자들의 차례가 돌아옵니다. 노동자들은 컨베이어 벨트 앞 지정된 자리에서 자신이 담당하는 부품을 자동차 프레임에 끼우기만 하면 됩니다. 로봇을 활용하면서 생산성은 높아지고 노동자들도 고된 일을 덜게 되었죠. 가히 생산의 미래를 밝히는 기술이라고 할 만합니다.

공장에서 철판을 재단하고 구부리던 노동자는 어떻게 되었을까요? 페인트칠을 담당하던 노동자는요? 산업혁명 시기의 직조 숙련공처럼 일자리를 잃고 로봇을 부수었을까요? 다행히 그렇지는 않습니다. 아직은 자동차 공장에 사람이 할일이 남아 있었거든요.

국제로봇연맹(IFR)에서 발표한 〈2022 세계 로봇 보고서〉에 따르면 한국은 2021년 제조업 노동자 열 명당 한 대 꼴로 산업용 로봇이 배치된, 세계에서 로봇 밀집도가 가장 높은 나라입니다. 세계 평균의 7배에 달하는 엄청난 숫자죠.[5] 산업용 로봇을 활용한 덕에 우리나라 자동차 회사들은 높은 생산성을 바탕으로 세계시장에 진출했습니다. 전 세계에 자동차를 수출하려면 생산을 더 많이 해야겠죠? 그러려면 부품을 조립하는 노동자들을 더 많이 고용해야 합니다. 그 덕분에 로봇에 일자리를 빼앗긴 노동자들도 일을 할 수 있고요.

로봇과 인공지능 같은 신기술의 발달로 인한 생산방식의 변화를 4차 산업혁명이라고 합니다. 컨베이어 벨트의 도입과는 차원이 다른 자동화가 진행되고 산업 전반이 변화할 것이라고 예상되죠. 사실 자동차와 전자 기기 제조업 분야에서는 1990년대 이후 로봇이 인간의 신체 능력을 대체하기 시작했습니다. 최근에는 이런 현상이 더욱 심화되고 있고요. 무인 편의점에서는 직원을 대신해 키오스크, 즉 무인 정보 단말기가 주문과 결제를 처리합니다. 식당에서는 테이블에 비치된 태블릿 피시를 이용한 주문과 결제가 이루어집니다. 로봇이 커피를 내리고, 치킨도 튀기고, 식당에서 서빙을 하고, 피자도 배달합니다.

로봇에게는 임금을 줄 필요도 없고, 법정 노동시간과 휴게 시간을 보장해 주지 않아도 됩니다. 하루 18시간 이상 휴일도 없이 일주일 내내 어렵고 위험한 일을 시켜도 법적인 문제가 전혀 없죠. 작업에 대한 교육도 프로그램 입력만으로 간단히 끝납니다. 고장이 나면 수리를 하거나 폐기하면 그만이니 회사를 경영하는 사람의 입장에서는 사람 대신 로봇을 쓰는 것에 상당한 매력을 느낄 수 있겠죠. 아마 비용을 감당할 수 있을 정도로 부가가치가 높으면서 인간의 창의성이 크게 필요하지 않은 곳에서는 로봇이 빠르게 확산될 겁니다. 실제로 코로나19

팬데믹 기간에 인력이 부족해진 사업장에서는 키오스크로 업무를 대신했는데, 이후에도 여전히 그 자리에 사람이 돌아오지 않는 게 현실입니다.

앞으로 로봇에 대한 수요가 더 늘어나고 투자가 확대되면 향상된 기능을 가진 로봇이 상용화되겠죠. 많은 분야에 로봇이 도입되는 만큼 사회 전체의 생산성도 높아질 거예요. 그런데 로봇의 역할이 확대돼서 사람이 하던 모든 일을 로봇이 맡게 된다면 우리 사회는 어떻게 될까요?

로봇이 힘든 일을 대신해 준다면

'일하러 간다'는 말을 들으면 어떤 느낌이 드나요? 현대인의 출근길이 대체로 즐거운 여행과 거리가 멀다는 건 다 아는 사실입니다. 오늘날 '건물주'가 인기 있는 장래희망으로 자리 잡은 걸 생각해 보면 사람들이 임금노동을 얼마나 고된 일로 여기고 있는지 짐작할 수 있죠. 그런데 사실 노동을 부정적으로 보는 시각은 꽤 오래전부터 있었습니다. 노동은 왜 이런 불명예를 얻게 되었을까요?

고대 그리스에서는 노예가 생산에 필요한 노동을 전담했습니다. 로마에서도 농사나 집안일처럼 타인을 위해 하는 노동은 노예의 몫이었습니다. 신전이나 공예품을 만드는 장인의 일(facere)과 노예가 하는 '비천한 일'을 구분해 노동(laborare)이라고 불렀는데, 이는 오늘날 노동(labor)의 어원이 됩니다. 고대 서양인들에게 노동은 타인의 통제를 받으며 살아가는 데 필요한 것을 생산하는 행위로 여겨졌던 것이죠.

성경에서 신이 규칙을 어긴 아담에게 노동이라는 형벌을 내린 것도 이러한 맥락에서 이해할 수 있습니다. 크리스트교가 지배적이던 중세 유럽에서도 노동은 하층민의 몫이었죠. 당시 농사와 같은 생산 활동은 농노가 도맡았는데, 농노는 농민과 노예 중간 정도의 사회적 지위를 가진 이들이었습니다.

자본주의가 성장하고 민주주의가 발달하면서 노예제는 사라졌습니다. 모든 개인은 자유롭고 평등하게 살아갈 권리를 갖게 되었죠. 그렇다면 이제 노동자들은 타인의 통제를 받지 않고 자유롭게, 자본가와 평등하게 살아갈 권리를 누리게 되었을까요?

산업화 이후 자본가들은 생산공정의 세분화와 단순화를 통해 대량생산 시스템을 개발했습니다. 과거에는 숙련 노동자가 일하지 않으면 생산이 중단되었지만 이제는 누구나 그 역할을 대신할 수 있게 되었습니다. 단순 작업을 반복하는 일이기 때문이죠. 대량생산 시스템의 핵심은 모든 노동자가 정해진 컨베이어 벨트의 속도에 맞춰 일하는 것입니다. 한 사람이 그 속도를 따라가지 못하면 그다음 공정을 맡은 사람이 작업하는 데 차질이 생기죠. 그러니 컨베이어 벨트 앞에서 일하는 노동자들은 자신이 맡은 작업을 마치 기계처럼 쉼없이 처리해야 합니다.

찰리 채플린(Charles Chaplin)이 감독과 주연을 맡은 영화 〈모던 타임즈〉는 이러한 현실을 잘 그려냅니다. 영화에서는 모든 노동자가 동시에 일을 해야 하므로 배가 고플 때 밥을 먹는 게 아니라 지정된 시간에 식사를 합니다. 화장실도 원할 때 갈 수 없고 정해진 시간에 가야 하죠. 한 사람이 자리를 비울 때마다 컨베이어 벨트를 멈출 수는 없는 노릇이니까요.

이제 노동자들은 자본가가 소유한 컨베이어 벨트의 통제 아래 자신들의 노동력을 제공하고 그 대가로 임금을 받습니다. 이것이 고도화된 자본주의 경제 체제가 상품을 생산하는 방식입니다. 오늘날 공장에 로봇이 도입되어 힘든 작업의 일부를 대신한다 해도 여전히 사람이 컨베이어 벨트 앞에서 정해진 작업을 정해진 시간에 해야 하는 것에는 변함이 없습니다. 노동자들은 생산을 위한 도구처럼 살아가고 있는 거죠. 주인의 감시를 받으며 일하는 노예와 컨베이어 벨트의 통제 아래 일하는 노동자, 이 둘은 같은 고통을 받고 있는 게 아닐까요? 그

영화 <모던 타임즈>, 감독 찰리 채플린, 1989

나사를 조이는 일을 반복하던 주인공은 기계에 빨려 들어간다. 그럼에도 멈추지 않고 일하는 장면은 노동자가 인간성을 잃고 기계의 부품이 되어 버린 암울한 시대상을 보여 준다.

형태는 조금 달라졌지만 개인의 자유가 제한된 환경에서 노동에 묶인 삶을 살아간다는 점에서 말입니다.

대량생산 시스템에서 일하는 노동자는 어느 정도 자유를 포기한 채 자본가의 통제를 받으며 일할 수밖에 없습니다. 기계나 로봇처럼 생산을 위한 도구로 사용된다는 느낌을 받을 수도 있을 거예요. 사람을 생산의 도구로만 취급해서는 안 될 뿐더러 애초에 사람은 기계의 부품이 될 수도 없습니다. 사람은 기계와 달리 같은 동작을 오랜 기간 반복하거나 무리해서 일을 하면 관절이나 근육에 문제가 생기기 때문입니다. 노동자들 대부분이 직업병을 앓고 있는 이유기도 하고요. 그렇다면 로봇이 힘든 일을 대신해 주면 어떨까요? 로봇을 이용해 무거운 물건을 힘들이지 않고 운반하고, 위험하거나 유해한 작업을 로봇에 맡길 수 있다면 말입니다.

상상해 볼까요? 로봇 기술이 더욱 발달해서 힘들고 어려운 일은 물론 지루한 일까지 완벽하게 처리해 준다면, 나아가 일상을 유지하는 데 필요한 모든 성가신 일을 다 해 준다면 얼마나 좋을까요? 마치 고대 그리스의 노예들이 생산 활동을 전담했던 것처럼요. 그렇게 된다면 우리도 그리스 시민들처럼 여가를 즐기며 자유롭게 살아갈 수 있을지도 모르겠습니다. 기계와 로봇이라는 새로운 노예가 생산을 도맡는 방식은 기업가 못지않게 노동자를 포함한 많은 사람이 원하는 것일지도 모를 일입니다.

인공지능이 내 일자리를 위협한다고?

로봇이 사람을 대신해 모든 일을 도맡아 처리하고, 필요한 일을 알아서 척척 해 주는 세상은 상상만으로도 흐뭇합니다. 로봇은 공장의 생산성을 높였고 그 덕분에 사람들은 많은 돈을 벌게 되었습니다. 소득이 늘어나면 소비도 늘어나니 경제는 성장하게 되고요.

로봇에 일자리를 빼앗기는 노동자들도 생기겠지만, 경제 성장에 힘입어 새로운 일자리를 구할 수 있지 않을까요? 로봇과 인공지능 때문에 사라지는 일자리도 많지만 새롭게 등장하는 일자리도 많을 거라고 예측하는 전문가도 있고요. 실제로 가상현실 디자이너, 사물 인터넷 전문가, 얼굴 인식 기술 전문가, 홀로그램 전문가, 자율 주행 자동차 엔지니어 등 4차 산업혁명 시대에 발맞춰 새로운 직업들이 생겨나고 있습니다.

이렇게 본다면 로봇과 함께하는 세상은 유토피아와 다름없는 듯합니다. 그런데 자세히 들여다보면 현실은 그리 녹록지 않습니다. 로봇에 일자리를 넘겨준 자동차 조립 숙련공이 갑자기 자율 주행 자동차 엔지니어로 직업을 바꿀 수 있을까요? 키오스크 때문에 일자리를 잃은 편의점 아르바이트생과 식당 종업원은 어떤 일을 구할 수 있을까요? 자신의 노동으로 성실하게 생계를 꾸려 가던 많은 사람이 로봇과 인공지능에 밀려 실업자가 될지도 모르겠습니다. 용케 일자리를 얻는다고 해도 노동조건이 나빠질 가능성이 대단히 높습니다. 일자리가 부족해지면 임금이 좀 낮아도, 노동 환경이 열악해도 받아들일 수밖에 없을 테니까요.

열악해지는 노동조건은 단지 예측이 아닌 현실입니다. 이미 다가온 미래인 셈이죠. '프레카리아트'라는 말을 들어본 적 있나요? 프레카리아트(precariat)는 '불안정한'이란 뜻의 이탈리아어 프레카리오(Precàrio)에 노동자계급을 의미하는 프롤레타리아트(Proletariat)를 합성해서 만든 단어입니다. 이런 단어가 생겨났다는 건 그만큼 열악한 조건의 일자리가 많이 존재한다는 것을 보여 줍니다. 언제 그만두게 될지 알 수 없어 불안하고, 임금수준은 낮고, 고용보험을 비롯한 사회보험에서도 배제된 일자리들 말이죠.

이는 단지 노동자들만의 문제일까요? 노동의 대가로 받는 소득이 줄어들거나 언제 일터에서 내몰릴지 알 수 없어 고용 불안에 시달리면 소비도 위축됩니다. 소비가 줄어들면 물건이 팔리지 않으니 기업의 생산량도 줄어들겠죠. 물론 부유한 사람들이 더 많이 소비할 수는 있겠지만 한계가 있습니다. 아무리 돈이 많다고 해도 한 사람이 스마트폰 수십 대를 가지고 다니지는 않으니까요. 생산량이 줄어들면 일자리 또한 감소합니다. 노동조건은 열악해지고, 생산은 감소하는 악순환의 굴레에 빠지게 되는 것이죠.

그런데 진짜 문제는 앞으로 로봇과 인공지능이 얼마나 더 발전할지 아무도 모른다는 것입니다. 인공지능은 스스로 데이터를 학습해 인간의 신체능력뿐 아니라 인지능력과 감정능력까지 대체할 수 있다고 하죠. 구글의 딥마인드가 개발한 인공지능 바둑 프로그램 '알파고'는 2016년 프로 바둑 기사 이세돌과 겨룬 대국에서 4 대 1로 승리했습니다. 언론은 이것이 인간이 인공지능을 상대로 둔 바둑에서 거둔 처음이자 마지막 승리가 될 거라고 전망했죠.

이스라엘의 역사학자인 유발 하라리(Yuval Noah Harari)는 《사피엔스》 출간 10주년을 기념해 인공지능이 인간의 글쓰기를 대체할 수 있을지 실험을 했습니다. 그는 인공지능 챗봇 'GPT-3'가 "하라리처럼 쓰라"는 주문을 받고 쓴 글을 읽는 동안 충격으로 입을 다물지 못했으며, 역사상 처음으로 힘의 중심이 인류의 손아귀에서 벗어날지도 모른다고 말하기도 했습니다.[6] 이미 인공지능은 작곡을 하고, 그림을 그리며, 문학작품을 창작할 수 있습니다. 심지어 인간의 감정을 사람보다 더 정확하게 읽고 적절하게 반응할 수도 있습니다. 앞으로 사람과 대화하고 교감할 수 있는 소셜 로봇이 요양 및 돌봄 서비스에서 활용될 거라고도 하죠.

흔히 4차 산업혁명 시대에 대비해 인공지능이 대체할 수 없는 창의성을 키우고, 정서와 관련된 역량을 기르라고들 합니다. 그런데 인공지능은 신체능력을 넘어 인지, 감성의 영역에서도 인간의 자리를 넘보고 있습니다. 공장에서 일하는 숙련공만 로봇에 일자리를 빼앗기는 게 아니라는 얘기죠. 의사나 기자, 작곡가나 화가, 작가도 직업을 잃게 될 수 있습니다. 그런 시대가 오면 인간 몫의 일자리는 얼마나 남을까요? 그걸 얻기 위해 얼마나 치열한 경쟁을 해야 하며, 또 얼마나 더 열악한 노동조건을 감수해야 할까요?

노동 없는 사회가 온다

하루 종일 일해도 가난한 N잡러 시대

매일 정해진 시간에 일을 하러 가는 것도 고된 일이지만 실업자가 되면 훨씬 큰 고통이 뒤따릅니다. 노동자에게 일을 하는 것, 그러니까 자신의 노동력을 파는 것은 소득의 원천이기 때문입니다. 만약 다른 방법으로 소득을 얻을 수 있다면 일자리가 없어도 별 문제가 없겠죠. 이를테면 자신이 소유한 로봇이나 인공지능을 이용해 충분한 소득을 얻을 수 있는 사람들처럼 말입니다. 대다수의 사람들은 일을 해서 번 돈으로 시장에서 필요한 재화나 서비스를 구입해 살아갑니다. 그래서 일자리를 구하고 지켜내고자 애씁니다. 그게 자본주의 시장경제 체제에서 생존하는 방식이거든요.

대기업, 중소기업, 정규직, 비정규직. 익숙한 단어들이죠? 많은 사람이 대기업의 정규직이 되기 위해, 공기업에 취업하기 위해 엄청나게 노력하고 있어요. 그런데 그런 좋은 일자리는 얼마나 될까요? 놀랍게도 대기업과 공기업의 정규직 일자리는 전체 일자리의 12%밖에 되지 않습니다.[7] 나머지 88%는 중소기업 노동자이거나 기타 비정규직이죠. 이들 사이에는 임금뿐만 아니라 노동환경, 복지 등에서 다양한 격차가 나타납니다.

좋은 일자리를 두고 경쟁하는 건 마치 열 명이 한 개의 소파와 아홉 개의 방석을 놓고 소파 차지하기 게임을 하는 것과 다름없습니다. 소파 하나를 놓고 열 명이 그 주위를 빙빙 돌며 치열하게 기회를 엿봅니다. 누군가 소파를 차지하면, 나머지 아홉 명은 꼼짝없이 방석행이죠. 문제는 방석의 질이 점점 나빠져서 맨바닥에 앉는 것과 다름없다는 거예요. 임금수준도 낮고, 노동환경은 위험하고, 고용이 불안정한 일자리가 점점 더 늘어나고 있거든요. 그나마 이런 일자리마저 구하지 못하는 사람들도 적지 않습니다. 이런 불안정한 노동의 확산은 우리 사회를 어떻게 바꾸고 있을까요?

통계청 자료에 따르면 2022년 한국의 비정규직 노동자 비율은 37.5%로 매우 높습니다. OECD 국가 중 비정규직 비율이 20%를 넘는 나라는 스페인, 칠레, 네덜란드, 콜롬비아 정도에 불과하죠. 그렇다면 임금은 얼마나 차이가 날까요? 비정규직 노동자는 정규직 대비 54.1%의 임금을 받고 있습니다. 월급여로 보면 정규직은 348만 원, 비정규직은 188만 원 정도로 약 160만 원의 차이가 납니다. 시간제 노동자의 경우 정규직의 25% 정도의 임금을 받고 있고요.[8]

오늘날 한국뿐 아니라 대부분의 국가에서 부의 불평등이 심화되고 있습니다. 하위 90%에 속한 사람들은 먹고살기 위해 여러 개의 직업을 가지는 N잡러가 되어 온종일 일하지만 여전히 가난합니다. 벌어들이는 돈이 많지 않으니 생계를 이어 가기도 벅차 자산을 모을 여유는 더더욱 없습니다. 내 집이 없으니 소득의 상당액을 임대료로 지출해야 합니다. 모아 놓은 자산이 없으니 투자로 소득을 얻을 수도 없죠.

한편 많은 부를 가진 사람들은 권력을 차지하고 법과 제도를 자신에게 유리하게 바꾸며 끝없이 부를 축적하기도 합니다. 전 세계적으로 중산층은 해체되고 상위 계층으로 부가 집중되고 있죠. 우리가 상상하는 것보다 훨씬 더 심각하게, 그리고 빠르게.

세계화 X 4차 산업혁명의 불행한 컬래버레이션

'슈퍼 리치'라는 말을 들어봤나요? 엄청난 금융자산을 보유한 부자를 뜻하는 말이에요. 오늘날 슈퍼 리치는 대체로 새로운 기술을 이용해 수익을 창출하는 대형 IT 기업, 일명 빅테크 기업의 CEO들입니다.

미국의 경제 전문지 《블룸버그》는 2020년 전기 자동차 회사 테슬라를 이끄는 일론 머스크(Elon Musk)의 연봉이 67억 달러(한화로 약 7조 6,700억 원)라고 보도했죠. 로봇이나 인공지능 관련 기술을 가진 사람들의 소득은 계속해서 늘어나 말 그대로 '슈퍼 리치'가 되었습니다. 이들은 생산 활동에 노동자를 고용하지 않거나 최소한의 노동력만 투입해 막대한 수익을 얻고 있습니다. 그래서 빅테크 기업의 생산이 늘어나고 국민경제가 성장한다 해도 노동소득이 증가하는 것은 아니죠.

경제 상황이 급변하면서 기업은 되도록 고용을 줄이려고 합니다. 그 대신 업무를 작업 단위로 잘게 나눈 뒤 플랫폼에서 이를 처리해 줄 사람과 계약을 맺죠. 우리가 흔히 이용하는 플랫폼 중 하나인 배달앱이 이렇게 일을 처리합니다. 과거에는 음식점에서 배달을 하기 위해 오토바이를 구입하고 배달원을 고용했습니다. 그러나 지금은 음식점에서 배달앱에 배달을 요청하면 라이더가 이를 수락하고 배달을 완료한 후 수수료를 받는 형태로 업무를 처리하고 있죠. 이렇게 배달앱 같은 플랫폼을 매개로 이루어지는 형태의 노동을 플랫폼 노동이라고 부릅니다.

언뜻 플랫폼에서 자유로운 계약이 이루어지는 것처럼 보일 수 있겠지만 노동자에게 자유로운 노동이 보장되는 것은 아니에요. 일부 배달앱은 라이더가 배달 요청을 취사선택할 기회를 주지 않기도 합니다. 자신이 위치한 곳과 거리가 멀어도, 배달할 음식이 흐르기 쉬운 액체이거나 부피가 커서 오토바이에 싣기 힘들어도 배달앱의 알고리즘이 배정하는 대로 일을 해야만 하는 거죠. 배달 라이더는 알고리즘이 최단 경로를 이용한다고 가정해 계산한 시간 내에 배달을 완료해야 합니다. 배달이 늦거나 불친절한 경우, 음식이 식거나 배달 요청 사항이 제대로 반영되지 않는 경우 고객 평점이 나빠지고, 페널티를 받아 일감이 줄어들 수도 있죠.

노동자는 플랫폼 알고리즘의 지시와 요구에 따라 일을 하지만 서비스를 제공받는 기업과 노동계약을 맺은 것은 아니

기 때문에 노동법상의 노동자로 보호받지 못합니다. 법으로 정한 최저임금이나 휴게 시간의 보장도 이들에게는 해당되지 않죠. 플랫폼 경제가 확산되는 가운데 노동법의 테두리 밖에 놓인 노동자들은 계속해서 늘어나고 있습니다. 소득이 불안정하고 많지도 않기 때문에 삶은 늘 불안할 수밖에 없죠.

세계화 시대, 불평등을 가중하는 새로운 생산

사실 경제적 불평등은 4차 산업혁명 이전부터 진행되고 있었습니다. 바로 세계화 때문이에요. 세계화되면서 자본이 국경을 넘나들며 전 세계를 무대로 활동하게 되었습니다. 세계화가 처음 시작되던 시기에는 선진국이 개발도상국을 착취하는 결과가 나타날 거라며 비판하는 사람들이 많았어요. 선진국에 본사를 둔 다국적기업이 개발도상국에 공장을 세워 그 지역의 생태계를 파괴하고 자원을 고갈시키면서 낮은 임금으로 노동력을 착취하고, 생산을 통해 얻은 수익은 본사로 가져가 선진국은 더 부유해지고 개발도상국은 더 가난해진다는 것이 그들의 논리였습니다.

그런데 세계화의 결과는 복잡하고 다양한 양상으로 나타났습니다. 다국적기업이 공장이 들어선 지역의 환경을 파괴하고 노동력을 착취한 측면도 있지만, 개발도상국의 국민 모두를 더 가난하게 만든 것은 아니었습니다. 물론 선진국의 모든 국민을 부자로 만든 것도 아니었죠. 세계화로 인해 선진국과 개발도상국 내부의 불평등도 심화되었거든요.

세계화는 선진국의 중산층 노동자에게 부정적인 영향을 미쳤습니다. 그들의 일자리가 가난한 나라로 수출되면서 사라져 버렸거든요. 일자리가 수출된다는 표현이 낯설지도 모르겠네요. 한국 기업의 상표가 붙어있는데도 메이드 인 차이나(Made in China)와 같은 라벨이 붙은 제품을 흔히 볼 수 있죠? 우리나라 기업이 생산 공장을 중국으로 옮겼기 때문인데요. 이런 상황을 일자리가 수출되었다고 표현한 거예요. 세계화되면서 기업들은 전 세계를 무대로 생산과 판매 활동을 하게 되었어요. 이 과정에서 핵심 운영 조직, 제품의 연구 개발을 위한 부서 들은 본국에 남겨놓고, 비교적 단순한 기술이 필요한 생산 공장은 임금이 낮은 개발도상국으로 이전했습니다.

자동차 산업을 살펴볼까요? 자동차의 생산과 관련된 기술혁신은 대부분 선진국에서 일어났어요. 최초로 자동차를 만든 건 독일의 벤츠였고, 자동차 산업을 대규모로 키워낸 건 포드자동차가 설립된 미국이었죠. 일본과 한국 정도만 아시아에서 내연기관 자동차의 생산기술을 갖고 있죠. 최근엔 중국도 전기 자동차를 중심으로 자동차 산업이 발달하고 있기는 합니다.

세계화가 진행되며 유럽이나 미국의 자동차 회사들은 경영, 디자인, 제품 개발 등 전문적인 기술력이 필요한 분야만 자국에 남기고, 단순 노동력이 필요한 조립 공장은 개발도상국으로 이전해 버렸어요. 그곳에서는 낮은 임금으로 노동자를 고용할 수 있었거든요. 미국의 GM자동차는 멕시코에 공장을 짓고 그곳에서 노동자를 고용했습니다. 독일의 폭스바겐은 중국에 진출해 합작회사를 설립하고 중국에서 자동차를 생산했죠.

이렇게 되면 선진국의 공장에서 자동차를 생산하던 중산

층 노동자들은 일자리를 잃게 됩니다. 대기업이라는 비교적 안정된 일자리와 함께 충분한 임금과 복지 제도의 혜택도 사라져 버리죠. 그렇다고 미국의 자동차 생산 공장에서 일하던 노동자가 일자리를 찾아서 온 가족을 데리고 멕시코로 이민을 갈 수는 없는 노릇입니다.

이제 미국 자동차 회사의 조립 노동자는 동네의 작은 카센터에서 일하며 불안정하고 낮은 임금을 감수해야 하는 상황에 놓이게 됩니다. 이런 일이 산업 전 분야에 걸쳐서 확대되며 선진국 중산층의 안정적인 일자리는 점차 사라지고 그들은 빈곤층으로 전락했습니다. 중산층이 빈곤층으로 몰락했으니 빈부 격차는 확대될 수밖에요.

공장이 옮겨 간 개발도상국에는 좋은 일 아니냐고요? 큰 공장이 들어오면 좋은 일자리가 생길 테니까요. 실제로 어떤 면에서는 그렇습니다. 기회를 잘 잡은 사람들은 이전에 비해 풍요로운 생활을 누리게 되었거든요. 그런데 모든 사람이 이런 기회를 잡을 수 있는 것은 아니겠죠? 개발도상국에서도 세계화의 파도 위에 잘 올라탄 소수의 사람들과 여전히 빈곤 상태에 머물러 있는 사람들 사이의 격차가 몹시 커졌습니다. 실제로 남아프리카공화국, 미국, 중국 등 개발도상국과 선진국을 막론하고 빈부 격차는 전 세계로 확대되고 있어요.

그런데 최근 4차 산업혁명이 진행되면서 미국에서는 자국으로 생산 공장을 되돌리려는 움직임이 일고 있습니다. 세계화로 미국 중산층의 일자리가 줄면서 빈곤층이 늘어났다는 주장이 힘을 얻고 있거든요. 미국 정치인들은 다양한 제도와 정책을 마련해 기업들이 미국 내에 생산 공장을 운영하도록 유도합니다. 예를 들면 전기 자동차를 구입하는 소비자에게 보조금을 지원하는데 그 대상을 미국 내에서 생산된 전기 자동차로 한정하는 식이죠.

상황이 이렇다 보니 한국의 자동차 기업도 미국 조지아주에 전기 자동차 전용 공장을 세우기로 했습니다. 개발도상국에 비하면 미국의 임금이 비싼데도 말이죠. 생산에서 기계나 로봇이 담당하는 비중이 높고, 전기차의 조립 공정은 내연기관 자동차에 비해 단순해서 작업에 필요한 노동자가 비교적 많지 않기 때문에 가능한 일입니다.

그렇다면 4차 산업혁명은 세계화로 인해 발생한 선진국 내부의 빈부 격차를 해소하는 계기가 될까요? 글쎄요. 선진국으로 생산 공장이 돌아갈 수 있는 이유 중 하나가 생산에서 노동이 차지하는 비중이 줄었기 때문이라는 점을 고려한다면 노동소득이 크게 늘기는 어려워 보입니다. 게다가 개발도상국에 진출했던 다국적기업의 공장노동자들은 일자리를 잃고 그전보다 더욱 가난해지겠죠. 전 세계적으로 경제적 격차는 확대될 가능성이 높아 보이네요.

브라질을 통해 보다

다국적기업은 기업의 조직을 세계 여러 나라로 분산시키는 과정을 통해 이전보다 훨씬 큰 부가가치를 생산하고 있습니다. 전체적으로 보면 세계는 더 부유해졌고요. 한국도 과거에 비하면 엄청난 부자 나라가 되었습니다. 개발도상국이었던 한국이 선진국과 어깨를 나란히 하며 풍요로운 생활을 하고 있으니까요. 국민 대다수가 대학 교육을 받고, 승용차를 보유하고 스마트폰을 사용합니다. 전 세계를 놓고 봐도 하루 2.15달러 미만으로 생활하는 극심한 빈곤 인구는 지속적으로 감소하고 있습니다.

그렇다면 과거에 비해 상당히 나아졌으니 그걸로 충분하다고 말해도 괜찮을까요? 세계은행(WB)의 연구에 따르면 극심한 빈곤에 시달리는 사람은 2019년 기준 전 세계 인구의 8.4%나 됩니다.[9] 빈부 격차 역시 갈수록 심해지고 있고요.

사회의 부가 골고루 분배되지 못하는 상황, 즉 빈부 격차의 확대는 가난한 사람들에게만 영향을 미칠까요? 이미 극심

브라질 상파울루의 모룸비 지역

벽 하나를 경계로 왼쪽에는 빈민촌이, 오른쪽에는 발코니마다 개인 수영장이 딸린 호화로운 호텔이 들어서 있다.

한 빈부 격차가 고착화된 나라에서는 어떤 사회문제가 나타나고 있을까요?

브라질은 심각한 불평등을 겪고 있는 나라 중 하나입니다. 세계은행에 따르면 2019년 브라질의 극빈층은 13.5%에 이릅니다. 10가구 중 3가구는 하루 4.5달러 미만으로, 12가구 중 1가구는 1.10달러 미만으로 생활하고 있습니다.[10]

이처럼 불평등이 심한 나라에서 사람들은 어떻게 살아가고 있을까요? 빈민촌에서 태어난 아이들은 미래에 대한 기대감을 갖기 어렵습니다. 지독한 가난에서 벗어날 가능성이 낮다고 생각하기 때문에 학교에서 열심히 공부하고 성실하게 노력하는 태도를 갖기도 힘듭니다.

당장 오늘 저녁 식사를 해결할 돈이 없다고 생각해 볼까요? 끼니를 거르지 않으려면 수레를 끌고 다니며 쓰레기를 주워야 하는데 학교에 가거나 미래를 설계하는 건 사치에 가까울지도 모릅니다. 아이들이 마약과 관련된 범죄에 연루되는 일도 흔하게 발생합니다. 이들은 '성실하게 일을 해도 결국 빈민가를 벗어나지 못하고 죽을 거라면 큰 거 한 방을 노리자.' 같은 생각을 하게 되지 않을까요? 그런데 한번 범죄를 저지르고 나면 계속해서 그런 삶을 살 가능성이 아주 높습니다. 특히 강력 범죄를 저지르게 되면 충분한 사회적 지원 없이는 범죄 이전의 삶을 회복하거나 미래를 꿈꾸기 어렵죠.

2016년에 방영된 KBS 다큐멘터리 〈브라질 빈민촌, 파벨라의 눈물〉은 심각한 빈부 격차로 사회 안전망이 무너진 빈민촌의 실상을 적나라하게 보여 줍니다. 브라질의 빈민층 자녀들이 주로 다니는 공립학교는 학생들의 결석이 잦고, 범죄나 임신 등 다양한 이유로 학업을 포기하는 학생이 많아서 공부에 집중할 있는 분위기가 아닙니다. 그러다 보니 교육을 통한 계층 이동을 꿈꾼다면 자녀를 반드시 사립 초등학교에 보내야 합니다. 경제적으로 여유가 많지 않은 중산층도 자녀를 위해서라면 비싼 학비를 감수해야 한다고 생각하죠.

이런 사립학교 학생들은 등하교 시간에 절대로 혼자 다니지 않는다고 해요. 등교할 때는 부모님이 아이들을 교문까지 데려다주고, 하교 시간이 되면 학교 선생님이 교문 앞에서 보호자를 확인한 후에 학생을 한 명씩 집에 보낸다고 합니다. 브라질은 범죄율이 높아서 아이들이 혼자서 길거리를 다닐 수 없기 때문이죠. 사실 아이뿐 아니라 어른도 범죄의 대상이 될 수 있기 때문에 길을 걸을 때 주변에 위험한 사람은 없는지 건물의 유리창에 비치는 사람들까지 살펴보며 긴장하면서 걸어 다녀야 한대요.[11]

범죄의 대상이 될까 두려워하며 주변 사람을 의심하고, 친구들과 놀이터에서 신나게 놀다가 아이스크림 하나 사 먹으러 다닐 수 없는 곳. 이런 곳에서 사람들은 행복할까요? 이런 환경에서 경제적으로 여유가 있는 사람이라고 행복하게 살 수 있을까요?

불평등의 대가

영화나 드라마 속 주인공이 긴박한 위기 상황에서 얼어붙는 모습을 본 적이 있을 거예요. 우리는 '어휴, 답답하게 왜 저래? 빨리 도망가야지!' 하고 생각하지만 실제로 같은 상황에 처했을 때 그렇게 할 수 있을까요?

인간은 위험을 느끼고 공포에 빠져 당황하게 되면 정상적인 사고를 하기가 어렵습니다. 불안감이 높고 긴장한 상황에서는 잘못된 판단을 내리기 쉽죠. 학교에서 수행평가를 볼 때를 떠올려 보세요. 분명히 연습할 때는 잘했는데 선생님 앞에서 시험을 보면 긴장한 나머지 실수를 한 경험이 있을 거예요. 불안이 여러분의 뇌 기능을 떨어뜨린 겁니다.

당장의 생계가 불안해 미래를 그릴 수 없는 상황이라면 심리적 여유도 부족하기 마련입니다. 그리고 이런 어려움은 일상생활에도 영향을 끼칩니다. 여유 있는 상황일 때는 문제가 되지 않을 작은 갈등도 가정 불화의 원인이 될 수 있죠. 그렇다면 이런 환경에서 자라는 아이들은 어떨까요? 하버드 대학 교수 찰스 넬슨(Charles Nelson)에 따르면 빈곤은 뇌 기능 발달에도 영향을 준다고 합니다. 그는 방글라데시의 빈민가 '다카' 지역에 사는 생후 2~3개월 된 유아들의 뇌를 살펴본 결과 인

지, 언어 능력을 담당하는 뇌의 영역이 매우 좁은 것을 확인할 수 있었다고 하죠.[12]

경제학자 센딜 물라이나산(Sendhil Mullainathan)과 심리학자 엘다 샤피르(Eldar Shafir)는 아주 간단한 실험을 했습니다. 이들은 방금 식료품을 구매하고 나온 사람들에게 가게에서 얼마를 지출했는지, 구입한 물건 하나하나의 가격이 얼마인지 물었습니다. 결과는 어땠을까요? 가난한 사람들은 대체로 정확히 대답했지만, 부유한 사람들은 제대로 답하지 못하는 경우가 많았대요.

이 연구는 가난한 사람들은 모든 욕구를 충족할 정도로 충분한 돈을 가지지 못했기 때문에 식료품을 구입할 때 더 필요한, 더 나은, 더 저렴한 상품을 선택하기 위해 주의를 집중하고 판단을 내리는 데 뇌의 에너지를 소비한다는 것을 밝혀냈습니다.

부유한 사람들이 특별한 고민 없이 물건을 구입한 것과 대조적이죠. 이런 일상적인 일에 에너지를 쓰면 다른 중요한 일에서 비합리적인 결정을 내릴 수도 있을 거예요.[13] 사람들 대다수가 경제적 빈곤으로 하루하루 살아가는 것에 스트레스를 받고 있어 합리적인 의사 결정을 하기 어렵다면, 그 공동체의 미래는 어떻게 될까요?

한편 어떤 사람들은 불평등이 사회의 발전에 기여한다고 주장하며 개인의 노력에 따라 차등을 두어 사회적 자원을 분배해야 한다고 말합니다. 노력에 상관없이 똑같이 나누는 것은 불공정할뿐더러 노력에 걸맞은 보상이 뒤따라야 사회가 발전한다는 것이죠. 내가 열심히 하는 만큼 보상을 받는다면 더 많은 보상을 위해 노력할 테니까요.

그런데 사람들의 의욕을 불러일으키는 데는 중요한 전제가 있습니다. 바로 공정한 대우를 받는다는 믿음입니다. 많은 사람이 노력이나 능력의 차이가 현재의 불평등을 가져온 것이 아니라, 다른 불공정한 차이가 만들어 낸 결과라고 여긴다면 어떤 일이 생길까요? 만약 선생님이 공부를 잘하는 학생에게만 수행평가 점수를 높게 준다면 나머지 학생들이 학습 의욕을 가질 수 있을까요? 많은 학생들이 수행평가를 준비하지 않으려고 할 겁니다. 쓸데없는 노력이라고 여길 테니까요.

마찬가지로 불평등이 심각한 사회에서 가난한 노동자가 고액 연봉을 받는 경영진을 보며 공정하지 못한 분배라고 여긴다면 회사에서 열심히 일할 의욕이 생기기는 어렵겠죠. 특히 경영진이 기업의 위기 극복을 이야기하면서 자신들의 고액 연봉에는 손대지 않고 노동자에게만 임금 삭감이나 구조 조정을 강요한다면 노동자들은 회사 일에 에너지를 쏟지 않을 겁니다. 그렇게 되면 기업의 생산성은 떨어질 테고요. 대부분의 기업에서 이런 일이 벌어진다면 사회 전체의 생산성은 어떻게 될까요? 불공정한 대우는 사람들의 의욕을 꺾을 뿐만 아니라 사회 발전을 저해합니다.

또한 심각한 불평등은 사람들에게 상대적 박탈감을 느끼게 합니다. 사람들은 곧잘 주변 사람들과 스스로를 비교합니다. 친한 친구가 구입한 최신형 스마트폰을 보면 잘 쓰고 있던 내 폰이 너절해 보이면서 바꾸고 싶어지는 게 인지상정이죠. 남과 비교할수록 내가 더 불행해진다는 걸 알면서도 그런 생각을 거두기는 쉽지 않습니다.

과거에는 자신이 속한 집단에서 직접 교류하는 사람들만이 비교의 대상이었어요. 그런데 정보 통신 기술이 발달하면서 그 대상이 폭발적으로 증가했습니다. 소셜 미디어 속 이웃들은 무엇을 입고, 먹고, 쓰고 있는지 자랑합니다. 그들의 일상은 매일매일이 특별해 보이죠. 어쩐지 나도 그걸 가지면 행복해질 것 같습니다. 신용카드 할부로 사면 큰 금액이 아니라고 합리화하며 이런저런 물건들을 사들입니다. 택배 상자를 열고 인증샷을 소셜 미디어 계정에 올리며 자신의 행복을 자랑하기도 합니다.

어떤 사회가 행복한 사회일까?

자본주의 시장경제에서는 모든 것을 거래합니다. 그리고 거래의 대상은 무한히 생산됩니다. 기업은 생산한 것을 팔기 위해 광고를 합니다. 우리를 둘러싼 모든 미디어는 광고를 내보내면서 소비 욕구를 자극하죠. 스마트폰이 있는 사람에게도 얼마든지 새로운 스마트폰을 욕망하게 만들 수 있습니다. 사람들이 좋아하는 유명인을 광고 모델로 내세워서, 드라마나 예능 프로그램, 각종 소셜 미디어를 통해 소비자를 유혹하죠.

자본주의사회에서 살아가면서 그러한 욕망에서 자유롭기란 쉽지 않습니다. 생활에 꼭 필요한 것부터 나를 돋보이게 만들어 줄 모든 것을 돈으로 사야 하는데 돈이 없어도 의연할 수 있을까요? 필요한 것, 원하는 것을 갖기 위해 필요한 돈을 얻으려면 더 많이 일해야 합니다.

일하는 시간이 늘어날수록 소중한 사람들과 함께할 시간은 줄어들고, 집에 돌아와 사용할 에너지도 부족해지지만 어쩔 수 없다고 생각하죠. 신용카드 대금이 연체되게 둘 수는 없으니까요. 하지만 더 많은 돈을 벌기 위해 아등바등 사는 게 더 행복해지는 길일까요? 이렇게 살아가는 사회가 바람직하다고 말할 수 있을까요?

오늘날 우리 사회의 불평등은 점점 심화되고 있습니다. 소득 상위 10%로, 다시 상위 1%로 부는 계속해서 집중되고 있습니다. 부유층과 빈곤층 사이에는 건너기 힘든 거대한 골짜기가 있어 서로의 처지를 알 수도, 이해할 수도 없습니다. 재벌 3세로 태어나 영어 유치원, 사립 초등학교를 나온 뒤 미국의 유명 사립 중고등학교를 거쳐 미국 대학에 진학한 청년이 등록금을 충당하기 위해 아르바이트를 해야 하는 또래의 고충을 이해할 수 있을까요? 태어나서 단 한 번도 버스나 지하철을 타 본 적 없고 주변에 대중교통을 이용하는 지인도 없다면 평범한 직장인의 출퇴근길이 얼마나 고된지 상상할 수 있을까요?

2008년, 국내 유력 정치인이 버스 요금이 얼마인지 아냐는 기자의 질문에 "한 70원 하나?"라고 대답해 논란이 되자 잘 몰랐다며 사과한 일이 있었습니다. 당시 버스 요금은 1,000원이었는데 말이죠. 1979년 서울시의 버스 요금이 60~80원이었으니 그의 인식은 45년 전에 머물러 있었던 것입니다. 어떻게 그렇게 상식적인 걸 모를 수가 있냐고 생각할 수도 있겠지만 한평생 버스나 지하철을 타 본 경험이 없다면 모를 수밖에 없겠죠. 보통의 시민들이 사치품의 가격이 얼마인지 잘 모르는 것처럼 말입니다. 과연 그런 정치인은 평범한 90%의 삶을 도울 제도를 만들어 갈 수 있을까요?

국가의 정책이나 제도에 대한 이해관계는 대립할 때가 많습니다. 부자들은 기업이 내는 법인세, 재산을 물려받거나 줄 때 내는 상속세와 증여세를 높이겠다는 정책을 손해로 여깁니다. 반면 가난한 사람들에게는 이익으로 여겨질 수도 있는 거죠. 그래서 사회가 부자와 빈자로 나뉘어 대립하면 대화를 통한 타협은 힘들어집니다. 상대를 인정하는 것이 곧 나의 손해로 이어진다고 여기면 상대를 용납하기 어렵거든요.

그러나 서로 다른 생각을 가진 사람들이 논쟁하고 토론하며 사회문제를 해결할 방법을 찾고, 양보와 타협을 통해 갈등을 해소할 때 더 나은 세상으로 나아갈 수 있습니다.

분열된 사회에서 부유층은 자신들이 누리고 있는 것이 마땅히 그러해야 하는 것이라고 생각합니다. 그들은 빈곤층의 어려움이 무엇인지 알지 못할 뿐 아니라 능력이 없어서 그런 걸 어떻게 하냐고 말할 수도 있겠죠. 그런 사회에서 더 나은 삶을 위한 노력은 결국 개인의 과제로 회귀합니다. 모든 문제를 개인의 책임으로 돌리는 사회에서 공동체는 해체되어 갑니다. 그런데 사람은 혼자서 살아갈 수 없어요. 살면서 겪는 통제할 수 없는 변수들을 나 혼자 혹은 내 가족이 전부 해결해야 한다면 삶은 위태롭기 짝이 없을 겁니다. 그건 부유층이라고 해도 마찬가지죠.

한 사람이 일상을 유지하며 크고 작은 삶의 부침을 무탈히 헤쳐나가려면 공동체의 도움이 필요합니다. 비단 가난한 사람들에게만 국한되는 이야기는 아니에요. 부자도 금융 사기를 당해 한순간에 재산을 잃을 수 있어요. 나아가 글로벌 금융위기와 같은 세계적 차원의 경제 위기로부터 자유로운 사람은 없죠. 개인의 노력이나 가족의 도움으로 해결할 수 없는 문제를 사회가 책임지고, 위기에 처한 사람들이 삶을 회복할 수 있도록 제도를 마련해야 하는 이유입니다. 모든 사회 구성원이 안전하게 살아갈 수 있는 사회, 어떻게 만들어 갈 수 있을까요?

2

지켜줄게, 오늘의 삶

사회보장제도를 파헤치다

사회보장제도의 기원을 찾아서

찰스 디킨스의 소설 《올리버 트위스트》의 주인공 올리버는 고아였습니다. 돌봐 줄 가족이 없었던 탓에 구빈원에 가게 되었죠. 구빈원, 가난한 사람을 구하는 집이라는 뜻입니다. 아이가 커서 독립할 때까지 따뜻한 잠자리와 건강한 음식을 제공하며 잘 보살펴 줄 거라는 느낌이 들지 않나요? 그런데 웬걸

영화 <올리버 트위스트>, 감독 로만 폴란스키, 2005

구빈원에 들어온 올리버가 다른 빈민 아이들과 밧줄을 푸는 일을 하고 있다.

요. 그곳은 흡사 포로수용소 같았습니다. 어린 올리버는 강제 노동을 해야 했고, 형편없는 음식을 굶어 죽지 않을 정도로만 주었기 때문에 언제나 배고픔에 시달렸습니다.

구빈원은 소설 속 상상의 장소일까요? 놀랍게도 실재하는 곳이었습니다. 19세기 영국 사람들은 가난을 게으름 때문이라고 여겼습니다. 그래서 가난한 사람들에게 강제로 노동을 시켜서 부지런히 일을 하도록 교화해야 한다고 생각했습니다. 또 구빈원에서 나가 스스로 일을 하게 만들려면 최하층 노동자보다도 더 질 나쁜 환경에서 지내게 해야 한다고 여겼죠. 그렇다면 구빈원은 빈민을 구제할 수 있었을까요? 정말로 가난은 개인의 게으름에서 비롯된 것일까요?

우리는 살아가면서 다양한 위험을 마주하게 됩니다. 질병에 걸리거나 사고로 다칠 수도 있고, 갑자기 직장을 잃거나 아무것도 준비하지 못하고 은퇴를 할 수도 있습니다. 이러한 수많은 위험들은 우리의 삶을 불안하게 만들죠.

과거에는 개인의 삶에 나타난 수많은 문제들도 온전히 개인이 감당해야 한다고 생각했어요. 그러나 이제는 정도의 차이는 있지만 대부분의 국가에서 법과 제도를 마련해 국민들의 안정적인 삶을 보장하고 있어요. 이런 제도적 안전장치가 바로 사회보장제도입니다.

사회보장제도의 세 가지 유형

사회보장제도는 기본적으로 세 가지 유형으로 구분할 수 있습니다. 첫째는 공공부조입니다. 일할 능력이 없는 사람에게 최소한의 인간다운 삶을 살 수 있도록 국가가 지원해 주는 것이죠. 공공부조는 빈곤의 나락으로 떨어지는 사람들을 붙잡아 주는 그물망 같은 역할을 한다고 해서 사회 안전망이라고도 부릅니다.

둘째는 사회보험입니다. 우리가 살아가면서 만나게 되는 다양한 위험에 보험의 방식으로 대비하는 제도를 가리킵니다. 갑자기 큰 병에 걸렸는데 치료비가 없다면 어떨까요? 우리는 살면서 겪게 될 다양한 위험 상황에 대비해 보험에 가입합니다. 보험회사에 매달 일정 금액을 납부하는 대신 갑작스러운 위험에 처했을 때 금전적 지원을 받기로 약속하는 거죠. 그런데 돈이 없어서 보험에 가입하기 어려운 사람은 어떻게 해야 할까요? 돈이 있더라도 이미 병에 걸렸거나 병에 걸릴 가능성이 높다는 이유로 보험 가입을 거절당한 사람은요? 이런 사람들을 포함해 국가가 모든 국민을 보호하기 위해 만든 것이 바로 사회보험입니다. 보험료는 개인과 기업, 정부가 나누어 부담하죠.

마지막으로 사회복지 서비스가 있습니다. 사회복지 서비스는 공공부조나 사회보험과 달리 금전적 지원이 아닌 다른 방식으로 국민들의 인간다운 생활을 보장하고 삶의 질을 높이기 위한 제도입니다. 이를테면 정부나 지방자치단체에서 일자리를 구하는 사람에게 직업을 소개해 주고 취업 과정을 지원한다든가, 보육원과 공공도서관 같은 복지 시설을 제공하는 겁니다.

사회보장의 역사

공공부조의 역사적 기원은 16세기로 거슬러 올라갑니다. 중세에서 근대로 넘어가는 즈음인 16세기 영국에서는 모직물 산업이 발달합니다. "양의 발은 모래밭을 황금으로 만든다."라는 말이 있을 정도로 양모는 많은 수익을 가져다줬어요. 농사를 짓는 것보다 양을 길러서 양모를 판매하는 편이 훨씬 이득이었죠. 그래서 영주들은 토지에서 농노들을 쫓아내고 양을 기르기 시작합니다. 공유지에도 울타리를 쳐서 사유지로 만들고 양을 길렀는데, 이것을 인클로저 운동이라고 부릅니다. 인클로저(enclosure)란 울타리를 두른다는 뜻이에요.

농경지에서 쫓겨난 농노들은 일자리를 찾아 도시로 몰려들었습니다. 이들은 대체로 낮은 임금을 받으며 일하는 공장노동자가 되었죠. 공장에서 일자리를 구하지 못한 사람들은 먹고살기 위해 무리를 지어 다니며 구걸을 하게 되는데요. 이렇게 탄생한 도시 빈민은 거리를 떠돌며 먹을 것을 훔치는 등 사회문제를 일으킵니다.

빈민 문제를 해결하기 위해 등장한 것이 바로 구빈법입니다. 이 법에 따라 구빈원을 만들어 장애인이나 노인 등 도움이 필요한 사람들에게 음식과 잠자리를 제공해 주었고, 일을 할 능력이 있는 사람들은 작업장에서 일을 시켰어요. 일하기 싫어하는 사람들은 교정원이라는 감옥으로 보내졌죠.

일을 안 한다는 이유로 벌을 준다니! 지금 생각해 보면 납득하기 어렵지만 과거 영국 사람들은 수백 년 동안 가난을 개인의 잘못이라고 여겼거든요. 그러니까 구빈법은 빈민을 돕기보다는 그들을 통제해 사회질서를 유지하고, 자본가들에게 값싼 노동력을 제공하려는 목적이 더 컸던 거죠. 그럼에도 빈민구제의 책임이 개인이 아닌 국가에 있다고 보고 법률을 제정해 빈민을 구제하려 했다는 점에서 오늘날 사회보장제도인 공공부조의 기원이라고 할 수 있어요.

그런데 구빈법은 효과를 거뒀을까요? 구빈법을 도입했음에도 급증하는 영국의 빈민 문제는 쉽게 해결되지 않았습니다. 이에 영국은 구빈법을 개선할 목적으로 위원회를 구성했어요. 영국의 사회학자 비어트리스 웹(Beatrice Webb)은 이 위원회에 참여해 보고서를 작성하게 됩니다. 〈마이너리티 리포트〉로 알려져 있는 이 보고서에서 웹은 "가난은 개인의 책임이 아니다. 사회구조적인 문제다."라고 주장합니다. 국가 주도로 교육, 의료, 연금 등 복지 서비스를 제공해야 한다는 건 당시로선 납득하기 어려운 급진적인 제안이었죠. 웹의 제안은 강한 반대에 부딪혀 채택되지 않았지만, 현대 복지국가의 기틀을 마련했다는 평가를 받고 있습니다.

18세기 중엽 영국에서 시작된 산업혁명은 물질적 풍요로움을 안겨 준 것처럼 보입니다. 하지만 산업화와 도시화가 진전될수록 노동자들은 빈곤에서 벗어나지 못한 채 더욱더 불안정하고 위태로운 삶을 살았어요. 어린 아이들까지 온 가족이 공장에서 일을 해도 생계를 이어 가기 어려웠습니다.

옷감을 짜는 기계가 도입되면서 아동노동은 더욱 급증하게 됩니다. 기계를 다루는 데는 강한 체력이 필요하지 않았고, 직물 기계에 실을 매거나 푸는 작업은 손가락이 가늘고 섬세한 아동들에게 더 유리했어요. 임금을 많이 줄 필요도 없고 성인보다 착취하기 편했을 테니 자본가들은 아동노동을 선호했습니다. 4살 아이도 공장에서 장시간 노동을 하여 혹사당했죠.

이런 상황에서 1802년 영국은 아동 노동자의 노동시간을 하루 12시간으로 제한하고 교육 기회를 제공하도록 하는 도제법을 제정했고, 이는 1833년 공장법의 입법으로 이어졌습니다. 공장법의 주요 내용은 다음과 같았어요.

공장법

- 9세 미만 아동의 노동 금지
- 아동 노동시간을 1일 9시간으로 제한
- 18세 미만 청소년의 야간작업 금지
- 아동에게 1일 2시간 이상 의무교육 실시

공장법은 아동 노동자의 처우를 개선하는 데 도움을 주었으나 대다수 노동자들의 삶은 여전히 불안정했습니다. 이에 노동자들은 스스로를 보호하기 위해 자발적으로 연대하기 시작했죠. 영국의 로치데일 직물공장 노동자 28명은 기금을 조성하고 가게를 열어 밀가루, 버터 등 식재료를 판매했습니다. 자신들의 생활을 개선하기 위해 생필품을 공동으로 소유하고 판매 수익을 공정하게 나누는 협동조합을 결성한 것입니다. 이 협동조합은 질병이나 실업 같은 위험에 대비하기 위해 공동의 보험을 마련하는 공제조합으로 발전하면서 사회보험제도의 시초가 되었습니다.

국가 차원의 사회보험제도를 세계 최초로 실시한 것은 19세기 독일의 수상 비스마르크(Bismarck)였습니다. 그는 왜 사회보험제도를 도입했을까요? 사회주의라는 새로운 사상이 힘

아동노동
처우를 개선하라!
의무교육
실시하라!
일하는 시간이 줄어들었어!
산업재해 치료도 노동자의 권리야!

을 얻고 있었기 때문입니다. 하루 14시간씩 일해도 빈곤에서 벗어날 수 없는 현실은 '경제적으로 모두 평등해야 한다'는 생각을 담고 있는 사회주의 사상을 탄생시켰습니다.

사회주의자들은 혁명도 불사하며 기존 사회질서를 완전히 뒤바꾸고자 했기 때문에 비스마르크는 사회주의 세력이 확산되지 못하게 통제할 필요가 있었습니다. 국가 차원에서 노동자를 보호하고 부양하는 정책을 실시해서 사회주의에 대한 열망을 누그러뜨리려고 했죠. 그렇게 사회보험제도가 등장하게 됩니다.

그 후 유럽의 많은 국가는 비스마르크의 정책을 본보기로 삼아 복지국가의 기틀을 마련했습니다. 두 차례의 세계대전과 경제 대공황으로 고조된 사회적 불안을 사회보험제도로 해소하고자 한 것이죠. 영국도 1942년 〈베버리지 보고서〉를 발표해 완전고용, 아동수당, 의료보험 등을 골자로 국가가 '요람에서 무덤까지' 국민의 인간다운 삶을 보장하겠다는 비전을 제시합니다. 영국은 이 보고서에 기초해 다양한 사회보장제도를 마련하고 복지국가의 체계를 갖추게 됩니다. 이는 과거 강한 반대에 부딪혀 좌절되었던 〈마이너리티 보고서〉가 40여 년이 지나서야 빛을 발했다고도 볼 수 있어요.

사회복지 서비스를 가장 적극적으로 실현한 나라는 스웨

덴이었습니다. 스웨덴의 복지 정책은 1932년 사회민주노동자당(이하 사민당)이 선거에서 승리하면서 본격적으로 추진되었습니다. 사민당은 국가 공동체의 모든 구성원이 서로 연대해 국가 또는 사회 공공의 이익을 추구하는 것을 목표로 삼았습니다. 사회주의와 달리 사회체제를 뒤엎는 혁명이 아니라 국가를 안정적으로 운영하는 데 필요한 정책의 개발을 중요하게 생각했어요.

사민당은 "국가는 모든 국민을 위한 좋은 집이 되어야 한다."라고 주장했습니다. 좋은 가정에서 가족이 서로를 사랑으로 돌보듯 국가가 국민을 보살펴야 한다는 일명 '국민의 집' 복지 개념을 내세운 것입니다. '국민의 집'은 사민당을 상징하는 슬로건이 되었죠.

한편 미국과 소련의 패권 경쟁은 사회복지 서비스가 자리 잡는 계기가 되었습니다. 제2차 세계대전 이후 미국과 소련은 세계를 무대로 각각 자본주의와 공산주의 체제를 내세워 여러 국가로 세력을 확장하고자 했습니다.

그 과정에서 자본주의 국가들의 복지 정책이 강화됩니다. 미국이 복지 정책을 통해 공산주의가 표방하는 '평등'과 '재분배'의 가치를 실현함으로써 자본주의 체제가 우월하다는 것을 증명하려 했거든요. 미국이 체제 경쟁에서 승리하고, 1970년대

중반까지 경제성장이 지속되면서 사회복지 서비스를 실현할 재원이 마련될 수 있었습니다.

한국에는 어떤 사회보장제도가 있을까?

한국은 유럽과 조금 다른 과정으로 복지 제도를 도입하게 됩니다. 삼국시대 고구려에서 시작된 진대법에 대해 들어봤나요? 당시 흉년이 반복되면서 많은 백성이 굶주림에 시달렸습니다. 귀족들은 이들에게 곡식을 빌려주고 높은 이자를 쳐서 되돌려 받았어요. 빌린 곡식을 갚지 못하는 사람들은 귀족의 노비가 되어야만 했고요.

국가는 고통받는 백성들을 구제하기 위해 봄에 곡식을 빌려주고 수확철인 가을에 갚게 하는 진대법을 실시합니다. 조선시대에는 상평창, 의창 등의 이름으로 유사한 제도가 시행되어 백성들에게 도움을 주었죠. 이렇듯 국가가 사회 구성원을 경제적으로 보호하고 최소한의 삶을 유지할 수 있도록 지원했던 사례는 우리 역사에서도 찾아볼 수 있습니다.

한국에서 빈민 구제를 국가의 의무로 규정하기 시작한 것은 대한민국 정부가 수립되면서부터입니다. 1960년대에는 쿠데타로 정권을 잡은 군사정부가 국민의 지지를 얻기 위해 사회보장과 관련된 법을 많이 만들었어요.

그러나 법을 제정하는 것만으로 하루아침에 복지국가가 실현되지는 않았습니다. 경제성장을 최우선 목표로 삼았던 당시 한국 사회에서 복지는 뒷전으로 밀려났고, 사회적 인식도 우후죽순 마련되는 법을 따라가기에 부족했거든요. 산업화를 겪으며 노동자들의 요구에 힘입어 차근차근 복지 제도를 확충해 온 유럽 국가들과, 오랜 식민 지배로 정치와 경제 등 사회제도 전반을 처음부터 일궈야 했던 한국의 상황은 매우 달랐죠.

그렇다면 한국에서는 언제부터 노동자들의 권리를 보장하기 시작했을까요? 1980년대를 지나며 노동문제에 대한 사회적 관심이 높아졌습니다. 군사정권에 반대하는 민주화 운동이 확산되면서 노동자들의 권리 보장과 평등한 분배에 대한 요구도 늘어난 것이죠. 부당한 처우에 맞선 시민들의 요구는 사회보장제도를 확대 시행하는 동력이 되었습니다.

현재 한국의 사회보장제도는 어떤 모습일까요? 오늘날 우리나라의 사회보장제도는 공공부조, 사회보험, 사회복지 서비스 세 가지 영역으로 구성되어 있습니다.

우리나라의 공공부조는 '국민 기초 생활 보장 제도'로 대표됩니다. 생계유지가 어려운 빈곤한 사람들에게 국가가 전액 부담해서 금전적 지원을 하는 제도죠. 사람이 살아가기 위해서는 먹을 것도 사야 하고 집도 필요하죠. 아프면 병원도 가야 하고요. 이렇게 생계나 주거, 교육, 의료 등 여러 분야에서 살아가는 데 필요한 돈과 물품을 빈곤층에게 지원해 주는 것입니다.

공공부조와 달리 국가, 개인, 고용주가 비용을 분담하는 사회보험은 우리가 살아가면서 맞닥뜨릴 다양한 위험에 대비하기 위한 것입니다. 건강보험, 고용보험, 국민연금, 산업재해보상보험으로 구성되어 있죠. 사회보험은 민간 보험회사에서 운영하는 개인 보험과 달리, 위험의 정도가 아닌 소득에 비례해서 보험료를 납부하고 가입자 모두 똑같은 수준의 보장을 받습니다. 예를 들어 개인 보험은 질병의 위험이 높은 노년층에게 더 많은 보험료를 요구하지만, 사회보험은 소득이 높은 사람이 더 많은 보험료를 내도록 하는 것이죠. 또한 개인 보험은 더 많은 질병과 사고에 대해 보장받기를 원한다면 더 많은 보험료를 납부해야 하는 데 반해 사회보험은 보험료와 관계없이 모두에게 같은 수준을 보장해 줍니다.

만약 내가 다치거나 병에 걸려서 병원에 갔다고 생각해 봅시다. 병원비가 너무 많이 나온다면 어떨까요? 국가는 이런 부담을 줄여 주기 위해 건강보험 제도를 운영하고 있습니다. 보험 덕분에 우리는 저렴한 비용으로 병원을 이용할 수 있어요. 어느 날 갑자기 직장에서 해고된다면 어떨까요? 당장 먹고

살 일이 막막하겠죠. 그럴 때 국가는 일정 기간 급여를 지급해 생계를 유지할 수 있도록 도와줍니다. 이것이 고용보험을 통해 받을 수 있는 실업급여입니다.

나이가 들어 더 이상 직장을 다닐 수 없게 되면 어떻게 해야 할까요? 그럴 때 국가는 매달 일정액의 연금을 지급해 생계를 이어 갈 수 있도록 하는데, 이를 국민연금이라고 합니다. 직장에서 일을 하다 보면 다양한 위험에 노출되기도 합니다. 기계를 다루다가 손을 다칠 수도 있고 일이 많아서 과로로 쓰러질 수도 있죠. 그럴 때 치료비는 물론 다 나을 때까지 일을 할 수 없으니 생활비도 부족할 거예요. 그럴 때를 대비한 보험이 산업재해보상보험이에요. 보험료는 직장에서 전부 부담합니다.

이렇듯 공공부조나 사회보험은 삶의 위기를 넘길 수 있도록 경제적인 도움을 주는 제도이므로 살아가는 데 필수적인 안전망이 되어 준다고 할 수 있어요. 그러나 일상적인 삶의 질을 높이는 데는 한계가 있기 때문에 국가는 좀 더 넓은 범위에서 국민들이 양질의 생활을 누릴 수 있도록 다양한 복지 서비스를 제공합니다.

최근 1인 가구와 맞벌이 인구가 늘어나면서 가정에서 가족 구성원을 돌보기 어려워지고 있어요. 그래서 과거 장애인 등을 대상으로 하던 서비스가 어린 자녀나 노인에게까지 확대

가사·간병 방문 지원 사업

요양 보호사가 도움이 필요한 저소득층을 방문해 식사, 재활 운동 등을 보조하고 말벗, 생활 상담 등 일상생활을 지원한다.

되고 있습니다. 예를 들면 혼자 일상생활을 하기 어려운 노인을 대상으로 집안일이나 장보기를 대신해 주거나 병원에 동행하기도 합니다. 한 부모 가정 자녀의 보육을 지원하고, 산모가 출산 이후 건강을 회복할 수 있도록 돕거나 신생아를 보살펴 주기도 하죠. 실직자에게 금전적인 지원을 하는 것을 넘어 일자리를 알선하기 위한 상담을 제공하고, 직업교육을 실시하기도 하죠. 이처럼 국민의 더 나은 삶을 보장하기 위해 상담, 재활, 교육, 복지시설 등을 지원하는 제도를 사회복지 서비스라고 합니다.

복지의 사각지대

2022년 4월, 서울 창신동의 한 주택에서 어머니와 아들이 사망한 사건이 있었어요. 이는 '창신동 모자 사망 사건'이라고 불리며 많은 사람들을 안타깝게 했습니다. 거동이 불편한 80대 어머니와 평소 지병을 앓고 있던 50대 아들의 소득은 사실상 어머니 앞으로 나오는 기초 연금 50만 원이 전부였습니다. 가스가 끊긴 지는 3년이 넘었고 전기마저 끊길 상황이었죠. 더 이상 버티기 힘들었던 아들은 스스로 생을 마감했고, 이후 곁에 있던 어머니도 눈을 감았습니다.

모자는 국가의 도움이 간절했지만 충분한 제도적 지원을 받지 못했습니다. 다양한 사회보장제도가 있음에도 불구하고 왜 어떤 사람들은 그 혜택을 누리지 못할까요? 창신동 모자는 어쩌다 극단적인 선택을 할 수밖에 없었을까요?

'복지 사각지대'라는 말을 들어봤나요? 창신동 모자와 같이 사회 안전망의 보호를 받지 못하는 사람들을 복지 사각지대에 놓였다고 표현합니다. 사각(死角)은 어느 각도에서도 보이지 않는 범위를 말해요. 흔히 자동차를 운전할 때 사각지대를 조심하라고 이야기하죠. 법이 규정하는 사회보장제도의 혜택을 받지 못하는 사람들은 항상 존재하는데, 이를 가리켜 복지 사각지대라고 부릅니다.

그렇다면 복지 사각지대를 없앨 수는 있을까요? 국가는 어려운 사람들을 지원하기 전에 누가 '어려운 사람들'인지를 먼저 판단해야 합니다. 복지 사각지대는 이 과정에서 발생합니다. 생활이 어렵지만 다양한 이유로 국가가 정한 기준에는 부합하지 않는 사람들이 생겨나는 것이죠. 이를테면 소득이 없더라도 집과 같은 자산을 소유하고 있으면 지원을 받을 수 없어요. 지원이 필요한 사람이라도 가족 중에 도와줄 만한 경제력을 가진 사람이 있다면 수급 대상에서 제외되기도 하죠. 그 가족이 도움을 주기를 거부했거나 연락이 끊겼더라도 말이에요.

몸이 불편해서 기초 생활 수급이 필요하더라도 본인이 아프다는 것을 진료 기록으로 증명해야 합니다. 병원에 가지 못하는 상황이라면 '근로 능력 있음'으로 판단되어 그 혜택을 받기 어렵죠. 또한 거동이 불편한 중증 질병이 아닌 경우, 실제로는 그렇지 않음에도 근로 능력이 있다고 판단되는 사례도 많습니다.

창신동 모자가 복지 혜택을 받지 못한 것도 기초 생활 수급자 자격 심사에서 탈락했기 때문입니다. 그들은 어떤 기준 때문에 복지 혜택을 받지 못했을까요? 그것은 다름 아닌 '집' 때문이었습니다. 소득이 전혀 없었음에도 낡은 집 한 채를 소유하고 있다는 게 그 이유였죠.

까다롭고 엄격한 자격 심사는 복지 사각지대를 만들어 낼 뿐 아니라, 그에 따르는 사회적 비용도 늘어나게 합니다. 신청자가 심사를 통과하기 위해 많은 시간과 노력을 들여 '생계 능력 없음'을 증명해야 하기 때문입니다. 이를 처리하는 공무원의 업무적 부담 또한 가중시킵니다. 2021년 기준 방문 복지 서비스를 제공하는 공무원 1명이 평균 100곳이 넘는 위기 가구를 담당할 정도로 인력도 턱없이 부족한 상황에서 말이죠.[1]

북한 이주민 모자 사망 사건은 까다로운 수급 신청 제도의 폐해를 잘 보여 줍니다. 2019년 관악구 임대 아파트에서 북한 이주민 한씨와 그의 여섯 살 아들이 굶주림으로 숨졌습니다. 한씨는 생활이 매우 어려웠지만 그것을 증명할 수 없었습니다. 중국인 남편과 이혼하고 한국으로 건너온 그는 뇌전증을 앓고 있는 아이를 혼자 키우고 있었어요. 아이를 24시간 돌봐야 하는 상황이라 일하기 어려워 생활고에 시달렸죠.

주민센터를 찾아가 도움을 요청했지만 전남편의 소득을 확인해야 한다며 이혼 사실을 증명할 서류를 요구했습니다. 돈이 없어 중국에 갈 수도 없었는데 말이에요. 설사 서류를 가지고 왔다고 하더라도 서류가 통과되는 데는 보통 1년 정도의 긴 시간이 걸리기도 해서 당장 힘든 상황을 벗어나지 못했을 겁니다. 결국 한씨는 수급 신청을 포기할 수밖에 없었습니다.

기초 생활 수급자가 되려면 국가의 도움이 필요한 상황임을 스스로 증명해야 합니다. 담당 공무원을 몇 번씩 찾아가야 하고 주민센터 등 관련 기관에 객관적인 자료를 여러 차례 제시해야 겨우 신청이 되는 경우도 많아요. 그러다 보니 지원을 받기까지 오랜 시일이 걸립니다. 신청자가 가난을 입증해야 하는 일명 신청주의 복지 시스템은 복지 사각지대를 만드는 주요한 원인이죠.

사회보험은 지금 당장의 어려움이 아닌 미래의 위험에 대비하기 위해 개인이 보험료를 일부 부담해야 하는 제도입니다. 만약 미래를 준비할 여유가 부족한 사람들이 보험료를 납부하지 못한다면 사회보험이라는 안전망에서 밀려나게 됩니다. 경제 사정이 어려워 사회보험의 도움이 절실한 사람이 오히려 복지 사각지대에 놓이게 되는 거죠.

실제로 비정규직 노동자의 국민연금 가입률은 2022년 기준 38.3%밖에 되지 않습니다. 건강보험 가입률도 51.7%에 지나지 않죠. 일용직 노동자나 가사도우미, 파견 근로자 등 비전형 노동자의 경우 국민연금에는 18.3%, 건강보험에는 33.1%만이 가입되어 있을 뿐이고요.

4차 산업혁명으로 새롭게 등장한 플랫폼 노동자도 사회보

(단위: %)

	국민연금	건강보험	고용보험
정규직	89.1	94.5	92.2
비정규직	38.3	51.7	54.0
비전형	18.3	33.1	49.5

(출처: 통계청[2])

2022년 8월 고용 형태별 보험 가입률

험의 사각지대에 있습니다. 플랫폼 노동자는 법적으로 노동자가 아닌 개인 사업자로 분류됩니다. 자영업자, 즉 사장님인 셈이죠. 플랫폼 노동자를 포함해 사업주의 통제를 받지만 법적으로는 자영업자 신분인 특수고용 노동자, 프리랜서 등을 비임금 노동자라고 합니다. 노동을 하고 있지만 개인 사업자이기 때문에 고용보험에 가입할 수 없고, 기업이 일부 보험료를 부담하는 연금이나 건강보험의 혜택도 받을 수 없죠. 일하다가 병에 걸리거나 사고를 당해도 보상 받을 길이 없고요.

그럼 각자 개인 보험에 가입하면 되지 않을까요? 문제는 이들 대부분은 소득이 낮다는 것입니다. 2020년 기준 고소득 병원과 의원 종사자를 제외하면 배달 라이더, 대리운전 기사, 학원 강사 등 비임금 노동자의 연간 수입은 1,050만 원에 불과합니다.[3] 법적으로는 노동자가 아니니 최저임금이 적용되지 않고, 플랫폼 노동자의 경우 플랫폼 간 가격 경쟁이 과열되면서 그 부담을 자신들이 떠안게 된 것이죠.

앞으로도 우리 사회에는 플랫폼 노동자와 같은 새로운 유형의 비임금 노동자들이 계속 생겨날 거예요. 이에 따라 사용자와 노동자가 고용계약을 맺고 임금을 받으면서 안정적으로 일하는 기존 사회적 틀이 더욱 흔들리게 되겠죠. 비임금 노동자까지 포괄해 제도 밖의 노동자를 안전하게 보호할 수 있는 방향으로 사회보장제도를 개선할 시점입니다. 더 나아가 제도 보완을 넘어 새로운 시대에 걸맞은 사회 안전망을 마련하기 위한 고민도 필요합니다.

로봇에 세금을 매길 수 있을까?

정의로운 분배가 중요한 이유

빈곤한 사람들도 인간다운 생활을 누릴 수 있는 사회. 이는 빈곤한 사람들뿐만 아니라 모두에게 좋을뿐더러 우리는 그런 사회를 만들기 위해 노력해야 마땅합니다. 사회 안전망이나 사회보장제도를 마련하고 발전시켜 온 이유이기도 하죠. 그런데 왜 이것이 그리해야 마땅한 일일까요?

철학자 존 롤스(John Rawls)의 이야기를 빌려 보겠습니다. 롤스는 모든 사회 구성원이 자신이 어떤 상황에서 태어날지 알 수 없는 무지의 상태에 있다고 가정합니다. 그리고 사회의 구조와 운영, 자원 배분의 원리에 대해 어떻게 합의할 수 있을지 생각해 보자고 했어요. 내가 여자일지 남자일지, 부유할지 가난할지, 다수민족으로 태어날지 소수민족으로 태어날지 알 수 없다면 어떤 사회에서 살기를 원할까요?

롤스는 사람들 대부분이 성별과 재산, 민족 등을 이유로 차별받지 않는 평등한 사회를 만들려고 할 것이라고 말합니다. 자신의 신분이나 능력을 모르는 상황에서는 가장 불리한 상황에 처할 사람의 입장에서 생각하게 되기 때문입니다. 롤스의 말에 따르면 가장 어려운 사람에게 혜택을 주는 제도는 모든 사회 구성원이 무지의 상태에 있을 때 도달하는 공정한 합의의 결과인 셈이죠. 오늘날 복지 제도가 마땅히 그리해야 하는, 정의로운 제도인 이유입니다.

또한 우리는 헌법을 통해 인간이라면 누구나 누려야 할 기본적인 권리가 존재한다는 것에 동의하고 있습니다. 부자도, 가난한 사람도 모두 다 인간으로서 존엄하게 살아갈 권리를 보장받아야 하죠. 그런데 존엄하게 살아가려면 적절한 생활 수준을 누릴 수 있어야 하고, 이는 곧 필요한 것을 구입할 수 있는 경제력이 있어야 한다는 뜻이기도 합니다. 한 사회를 이루는 구성원의 1%는 평생 쓰고도 남을 정도로 많은 자산을 보유하고 있는데 나머지 99%는 생계를 걱정해야 한다면 그 사회는 공정한 사회라고 할 수 있을까요?

오늘날 불평등이 심화되는 가장 큰 원인은 노동소득은 감소하는 반면 이자, 지대 등 자본을 통해 벌어들이는 소득, 즉 자본소득은 계속해서 커지는 데 있습니다. 돈이 돈을 버는 셈이죠. 더 큰 문제는 4차 산업혁명으로 생산 환경이 변화하면서 노동소득이 더욱더 줄어들고 있다는 것입니다. 결국 불평등이 심화되는 것을 막으려면 계속해서 몸집을 불리는 자본소득을 규제하고 그 몫을 줄어드는 노동소득 쪽으로 넘겨주는 것 외에는 다른 방법이 없을지도 모르겠습니다. 그렇다면 어떻게 해야 자본의 몫을 노동소득으로 이전할 수 있을까요?

사실 방법은 어려우면서도 간단합니다. 자본을 가장 많이 소유하고 있는 상위 1%가 나머지 99%를 위해 자신의 것을 나누면 되죠. 나누는 방법은 다양하게 설계할 수 있겠지만, 가장 기본적인 방식은 정부가 조세제도를 통해 부의 재분배를 시행하는 겁니다. 즉 소득이 많은 사람에게 세금을 거둬 소득이 적은 사람들에게 지급해서 빈부 격차를 줄이는 거죠. 소득이 많은 사람은 불만을 가질 수도 있겠지만, 지나친 불평등으로 발생하는 사회적 비용을 줄이고 공동체의 지속과 더 나은 미래를 위해 꼭 필요한 일입니다.

앞으로 경제적 불평등은 더욱 심화될 전망입니다. 노동을 통해 얻은 소득만으로는 인간다운 생활을 할 수 없는 사람들, 미래의 위험에 대비하는 사회보험을 유지하기 어려운 사람들은 지금도 계속해서 증가하고 있고요. 부의 재분배로 모든 국민의 인간다운 삶을 보장하기 위해서는 더 많은 재원이 확보되어야 합니다. 세금에 대한 새로운 사회적 논의가 필요한 이유입니다.

문제는 지금까지 정부가 세금을 거두어들인 방식을 계속해서 고수하기 어렵다는 점입니다. 자본은 세계화와 기술혁신을 통해 세금을 회피할 방법을 찾아냈습니다. 새로운 얼굴을 한 자본에 세금을 부과하려고 해도 어떤 기준으로 그 대상을 판단해야 할지 모호한 측면이 생겼죠. 앞으로 분배를 위한 재원은 어떻게 마련해야 할까요?

디지털세를 신설하다

자본가는 기업을 설립하고, 도로나 공항 같은 사회 기반 시설, 다양한 사회제도와 문화유산 등을 활용해 생산 활동을 합니다. 그리고 생산된 상품을 소비자에게 판매해 이윤을 얻죠. 따라서 자본가가 얻는 이윤은 안정된 사회적 환경, 건전한 경제 시스템에 기초한 것이라고 볼 수 있어요. 강물이 깨끗해야 물고기가 살아갈 수 있듯이, 기업도 사회가 건강할 때 자유로운 경제활동을 통해 이윤을 얻을 수 있습니다. 따라서 기업이 경제활동의 터전이 되는 사회의 유지, 발전을 위해 세금을 내는 것은 당연한 일입니다.

물론 세금을 납부하는 일은 국민 모두의 의무이기도 하고요. 우리 모두 태어나 성장하며 살아가는 모든 순간에 국가의 보호와 보살핌을 받고 있으니까요. 실제로 세금을 납부할 능력이 있는 모든 사람은 세금을 내고 있습니다. 이를테면 자동차, 주택 등을 사거나 보유한 사람들은 세금을 내야 합니다. 또 노동을 통해 생활에 필요한 최소 금액보다 더 많은 소득을 얻는 사람도 세금을 내고, 은행 예금을 통해 이자소득을 얻어도 세금을 냅니다.

기업도 개인처럼 소득이 생길 때 세금을 내는데 이를 법인세라고 합니다. 기업이 살아 움직이는 사람은 아니지만 법적으로는 사람과 똑같이 세금을 낸다는 뜻에서 법인세(法人稅)라는 이름이 붙었죠. 국민이 국가에 소득을 신고하고 세금을 내는 것처럼 기업은 공장이나 본사가 위치한 국가에 소득 신고를 하고 그에 따라 법인세를 납부합니다.

그런데 국가마다 법인세율에 상당한 차이가 있어요. 일부 국가는 해외 기업을 자국에 유치하기 위해 세금을 깎아주는 정책을 펼치기도 하죠. 세금을 적게 내고 싶은 기업은 세율이 낮은 국가에서 사업을 운영하려고 하겠죠?

아무리 세금을 깎아 준다고 해도 인구가 극히 적은 태평양의 섬나라에 자동차 공장을 세울 수는 없을 거예요. 직원을 채용하기도 어렵고 생산된 자동차를 소비자가 사는 지역까지 운송하는 데에도 시간과 비용이 들어가니까요. 하지만 직원을 많이 채용할 필요가 없거나 원격 근무가 가능하다면 어떨까요? 혹은 생산하는 상품이 자동차처럼 형태가 있는 재화가 아니라면요?

자동차 산업과 같은 제조업은 인건비가 저렴하거나, 소비자가 많은 국가에 생산 공장을 세웠습니다. 기업의 본사는 우수한 인재가 많고 금융 인프라가 잘 갖춰진 국가에 위치하는 경우가 많았죠. 각국은 이렇게 공장이나 본사처럼 물리적인 사업장을 자국에 둔 기업에 법인세를 부과했어요. 다국적기업의 본사가 위치한 선진국들은 상당한 조세 수입을 얻을 수 있었죠.

그런데 IT 기업은 공장이 필요하지도 않고, 생산한 제품의 운송비도 들지 않기 때문에 입지 조건에 크게 영향을 받지 않습니다. 구글이나 페이스북 같은 회사들은 재화를 생산하는 공장을 세울 필요가 없고, 노동자가 프로그래밍을 어디에서 하든 큰 상관이 없죠. 온라인에 올릴 수만 있으면 되니까요.

따라서 IT 기업들은 법인세율이 낮은 국가에 법인을 두고 사업을 운영하면서 법인세를 최소화하는 전략을 택하게 됩니다. 실제로 구글 같은 IT 기업은 법인세를 최소화하기 위해 세율이 낮은 싱가포르나 아일랜드 등에 법인을 두고 사업을 하고 있어요.

이러한 문제에 대응하고자 2020년 경제협력개발기구(OECD)에서는 디지털세에 대한 규정을 마련하기 위해 논의를 시작했어요. 구글, 페이스북 등 정보기술을 활용하는 IT 기업들에 세금을 부과하는 방법을 모색하기 시작한 것입니다. 기업이 법인세율이 낮은 국가를 찾아 조세를 회피하지 못하도록 법인세의 하한선을 정하고, 상품을 판매해 수익을 올리는 국가에 세금을 내도록 하는 안이 제시되었는데 이를 디지털세라고 불러요.

IT 기업의 조세 회피를 막기 위해 시작된 논의는 점차 다른 기업을 대상으로 확대되고 있습니다. 구글, 아마존, 넷플릭스 등 IT 기업을 많이 보유하고 있는 미국이 디지털세 부과 대

상을 가전 및 휴대전화 같은 소비재는 물론, 반도체 같은 중간재를 생산하는 기업에까지 확대해야 한다고 주장했거든요. 국가마다 이해관계가 달라 합의가 쉽지는 않았지만, 2021년 10월 OECD에서 136개국의 동의로 디지털세 관련 최종 합의안이 발표되었습니다.

이 합의안으로 매출액 27조 원, 영업 이익률 10% 이상인 다국적기업은 초과 이익의 25%를 매출이 발생한 국가에 납부해야 합니다. 또 매출액 1조 원 이상의 다국적기업은 최저

15%의 법인세를 내야 합니다. 즉 세계 어느 나라에서 사업을 하든 적어도 15% 이상의 법인세가 부과된다는 거예요. 더는 조세를 회피할 수 없다는 의미죠.

이제 각국 정부는 합의안에 따라 2023년부터 법안을 마련해 디지털세를 징수해야 합니다. 한국에는 어떤 변화가 생길까요? 정부는 구글처럼 해외에 법인을 설립하고 한국에서 매출을 올리는 기업으로부터 세금을 거두게 됩니다. 현재 조세 회피를 위해 법인세율이 낮은 국가에 법인을 옮겨 놓은 매출액 1조 원 이상 국내 기업은 80여 개에 이릅니다. 이 기업에서도 추가로 세금을 걷을 수 있게 되겠죠?[4]

로봇세를 제안하다

4차 산업혁명과 인공지능 및 로봇 산업의 발달로 상당수의 일자리가 사라질 것이라는 예측이 확산되고 있어요. 한국직업능력개발원의 연구에 따르면, 앞으로 10년 이내에 국내 일자리 두 개 중 한 개는 인공지능이나 로봇으로 대체될 것이라고 합니다.[5] 실제로 식당, 공장, 학교, 은행, 병원 등 다양한 영역으로 로봇 이용이 확대되고 있어요.

이와 관련해 전 세계적으로 로봇에 세금을 부과해야 한다는 목소리가 커지고 있죠. 로봇세란 로봇의 노동으로 생산하는 경제적 가치에 부과하는 세금을 말합니다. 그런데 왜 로봇에 세금을 부과해야 한다고 이야기하는 걸까요? 4차 산업혁명이 진행되면 로봇으로 인해 많은 사람이 일자리를 잃게 됩니다. 국가의 세금 수입 중 노동자들이 납부하는 소득세는 적지 않은 비중을 차지해요. 실직자가 늘어나면 그만큼 국가의 세금 수입은 줄어들 수밖에 없겠죠. 사회 복지 제도 운영에 필요한 재원 마련 또한 어려워질 겁니다.

로봇세를 처음 언급한 곳은 어디일까요? 바로 유럽연합이었습니다. 유럽연합은 국가의 세수 확보를 위해 로봇에 '특수한 권리와 의무를 가진 전자 인간'이라는 지위를 부여하고 세금을 부과하자고 제안했습니다. 미국의 마이크로소프트 설립자이자 기업인 빌 게이츠(Bill Gates)도 로봇에 세금을 부과해 로봇 도입 속도를 늦춰야 한다고 주장했죠. 로봇세를 통해 실업의 급격한 증가를 막고, 자동화로 인한 사회적 충격을 완화해야 한다고요.

우리나라는 2018년 국회 입법조사처에서 취득세 또는 재산세 형식의 로봇세 도입을 제안했어요. 이 제안은 로봇을 인격이 있는 납세 대상자로 보는 외국과는 다른 방식입니다. 입법조사처는 로봇세가 신설되면 인간의 노동이 로봇으로 대체

자동차 공장의 생산 라인

협동 로봇이 사람을 대신해 차체를 조립하고 있다.

되는 과정에서 어려움을 겪게 될 사람들을 지원해 줄 수 있을 거라고 내다봤어요.[6]

《인공지능이 사회를 만나면》의 저자 서윤호 교수는 로봇이 생산하는 부가가치를 임금으로 지급하지 않고 기업이 모두 가져가는 것이 문제라고 지적합니다. 자본의 수익은 늘어나고 노동의 몫은 줄어들어 양극화가 심해지기 때문입니다. 또한 그동안 세금을 납부했던 사람의 노동을 로봇이 대체함으로써 조세 수입이 감소해, 양극화를 줄이고 사회·경제적 약자를 보호하는 데 필요한 재원도 부족해진다고 보았습니다. 그는 이러한 문제를 해소하기 위해서는 로봇을 소유한 사람들에게 로봇세를 부과해야 한다고 주장합니다. 로봇이 일한 대가를 세금으로 거두어 사회 구성원에게 배분하자는 것이죠.

물론 로봇세에 대한 반대와 우려의 목소리도 있습니다. 이들은 로봇 보급률이 높은 한국, 일본, 독일에서 오히려 실업률이 낮다는 것을 근거로 로봇 때문에 일자리가 감소했다는 주장은 사실과 다르다고 반박합니다.[7] 로봇으로 인해 사라지는 일자리보다 새로 생기는 일자리가 더 많다고 보는 것이죠. 또한 기계와 로봇의 경계가 모호해 과세 대상을 명확하게 정하기 힘들고, 로봇세가 관련 산업과 기술 혁신에 부정적 영향을 미치는 등 경제성장을 저해할 것이라고 주장합니다.

비용이 아닌 투자, 세금

자본주의 시장경제 체제는 자유로운 경제활동에 기초해 경제적 번영을 가져왔습니다. 특히 기업을 운영하는 자본가들은 더 많은 이윤을 얻기 위해 노력하는 과정에서 혁신을 이루고 경제를 발전시키는 데 기여했습니다.

하지만 그 과정에서 사회 구성원에게 고통을 안겨 주기

도 했어요. 공장의 대량생산은 엄청난 환경오염을 불러일으키고 자원을 고갈시켰으며, 노동자에게 턱없이 낮은 임금을 주거나 아이들까지 공장에서 일을 하게 하기도 했죠. 일을 하다 질병을 얻거나 다치는 노동자도 아주 많았습니다. 가족의 생계를 책임지던 가장이 일자리를 잃게 되면 가족 전체가 빈곤의 수렁에 빠지게 되었고요.

1929년 10월 미국 주식시장 폭락과 함께 시작된 대공황으로 정부가 적극적으로 경제에 개입해야 한다는 주장이 미국에서도 힘을 얻기 시작했습니다. 시장에 맡겨 두면 보이지 않는 손에 의해 경제가 저절로 돌아간다는 믿음으로는 풀 수 없는 문제가 넘쳐났으니까요.

정부는 이제 생산, 소비, 분배의 경제활동을 전적으로 시장에만 맡겨 두지는 않기로 했습니다. 모든 사람이 필수적으로 소비해야 하는 재화나 서비스가 있다면 정부가 직접 생산하기도 했죠. 또 시장에서 분배받은 소득이 너무 적은 사람들을 위해 다양한 사회 복지 제도를 운영하여 적절한 생활수준을 보장해 주었습니다. 이런 일을 하려면 당연히 국가의 모든 구성원은 세금을 납부해야 했습니다.

디지털세와 로봇세 같은 새로운 세금의 신설이 기업을 운영하는 입장에서는 부담이 될 수도 있습니다. 새로 도입하는 제도에는 미흡한 부분도 있겠죠. 그렇다면 우리는 완벽한 제도가 만들어지기를 기다리며 그 전까지 아무런 시도도 하지 말아야 할까요?

사회 변화로 인해 발생하는 문제들을 해결하지 않고 양극화가 심화되도록 내버려 두면 기업 활동의 터전이 되는 사회가 무너질 수도 있습니다. 제 아무리 크고 날쌘 물고기라고 하더라도 강물이 썩으면 살아남을 수 없겠죠? 기업이 납부하는 세금을 비용이라고 여기기보다는 또 다른 투자로 생각하면 어떨까요? 물론 이를 위해서는 정부가 소득이 많은 이들로부터 거두어들인 세금을 효율적으로 집행해 더 나은 사회를 만들고 모든 구성원의 인간다운 생활을 보장하는 데 사용해야 할 겁니다.

구체적인 방안에 대해서는 좀 더 고민이 필요하겠죠. 지금까지 이야기한 대로 복지 제도를 확충해 어려움에 처한 사람들을 도울 수 있을 겁니다. 혹은 노동소득을 대신할 또 다른 소득을 국가가 지급할 수도 있죠. 부모로부터 물려받을 유산이 없는 이들에게 국가가 자산을 나눠 줄 수도 있을 테고요. 실제로 이런 아이디어는 역사 곳곳에서 발견됩니다. 오늘날에도 여러 나라와 지역에서 그 효과를 실험하고 있어요.

물론 현실의 벽은 만만치 않습니다. 재원을 어떻게 마련해야 할 것인지도 문제고, 누구에게 어떤 방식으로 나누어 줄 것인지 합의하는 것도 쉬운 일이 아니니까요. 하지만 어렵더라도 이런 문제를 어떻게 풀어 나갈지 고민을 이어 가야 하겠죠?

3

조건 없는 소득, 새로운 세상을 꿈꾸다

누구나
주기적으로
현금을
받게 된다면

세상 어느 곳에도 없는 완벽한 곳

유토피아(Utopia). 완벽하고 이상적인 사회를 가리키는 말입니다. 이 단어는 영국의 정치가 토마스 모어(Thomas More)의 소설에서 처음 등장합니다. 고대 그리스어 ou(없다)와 toppos(장소)를 결합한 말로, 세상 어디에도 없는 곳이라는 의미를 지니기도 합니다. 모어는 현실에서는 찾을 수 없는, 자신이 꿈꾸는 완

토마스 모어(1477~1535)

벽한 국가를 유토피아라고 이름 붙였습니다.

모어는 이 소설에서 "양이 사람을 먹어치운다."라고 말합니다. 온순한 양이 어떻게 사람을 먹어치울 수 있을까요? 당시 영국에서는 양털로 천을 짜는 모직물 공업으로 큰돈을 벌 수 있었습니다. 그래서 영주들은 농민들이 농사를 짓던 땅에 울타리를 치고 양을 키우기 시작했죠. 앞에서 인클로저 운동 이야기를 했었죠? 쫓겨난 농민들은 일자리를 찾아 도시로 몰려들었지만 모두가 일자리를 구하지는 못했습니다. 사람들은 빈곤과 굶주림에 시달렸죠. 배고픔을 견디다 못한 사람들이 굶어 죽거나 빵을 훔치는 등 사회는 혼란에 빠졌습니다. 결국 양이 사람을 잡아먹은 꼴이 된 거예요.

모어는 이러한 문제를 지적하며 소설 《유토피아》를 통해 영국 사회가 나아가야 할 방향을 제시합니다. 그가 생각하는 유토피아에서는 사유재산제도가 철폐되고, 종교의 자유가 보장되며, 모든 사람이 하루 6시간만 일하고 나머지 시간에는 자유롭게 학문을 탐구해요.[1] 누구나 적정한 시간 동안 일을 하고 필요한 물품을 부족하지 않게 분배받을 수 있으며, 자유롭게 배움을 누리는 사회. 배고픔에 지쳐 음식을 훔치다 처벌을 받던 사람들에게는 꿈같은 이야기였겠죠?

물론 오늘날 우리가 꿈꾸는 유토피아는 모어가 제시한 유토피아와는 조금 다른 모습일 거예요. 하지만 놀라운 점은 모어가 소설에서 제시한 아이디어 중 하나가 500여 년이 지난 지금 시도되고 있다는 것입니다. 바로 세계적으로 화두가 되고 있는 기본소득이죠.

기본소득이란 모든 개인에게 조건 없이 지급하는 소득을 말하는데요. 《유토피아》에는 사회가 모든 사람의 기본적인 생계를 보장하는 이상을 실현하기 위한 제도로 기본소득의 개념이 처음 등장합니다.[2] 양에게 밀려 경작지를 잃은 사람들처럼 먹고살 길이 없는 사람들은 결국 도둑질을 할 수밖에 없다면서요. 아무리 가혹한 형벌이라도 이 도둑질을 막을 수는 없기에 누구에게나 먹고살 방도를 마련해 주는 것이 해법이라고 주장합니다.[3] 먹고살 걱정을 하지 않아도 되는 곳은 오늘날에도 유토피아로 여겨지죠.

산업혁명 시기에 나타난 문제의 해결책으로 등장했던 기본소득이라는 아이디어는 4차 산업혁명으로 인간이 또다시 일터에서 쫓겨날지 모른다는 위험에 처한 현재, 세계 곳곳에서 다양한 방법으로 시도되고 있습니다. 모두에게 조건 없이 소득을 지급하면 일터에서 쫓겨난 사람들의 문제를 해결할 수 있을까요? 기본소득은 우리를 유토피아로 안내할 수 있을까요?

기본소득에서 단서를 찾다

2019년 전 세계를 휩쓴 전염병 코로나19는 사람들을 집 밖으로 나오지 못하게 만들었습니다. 어떤 사람들은 직장을 잃었고, 어떤 사람들은 가게의 문을 닫아야만 했죠. 많은 국가에서는 이에 대응하기 위해 지원금을 지급했습니다. 2020년 5월, 한국 역시 전 국민을 대상으로 1차 긴급재난지원금을 지급했습니다. 전염병으로 지쳐 있던 국민들에게 단비같은 소식이었죠. 재난지원금 이후 기본소득에 대한 관심도 부쩍 높아졌습니다. 우리가 당면할 새로운 세상에서는 그에 적합한 새로운 제도가 필요하기 때문이죠.

벨기에의 정치철학자 판 파레이스(Van Parijs)는 기본소득을 이렇게 정의했습니다.

"기본소득은 자산 조사나 근로 요구 없이 모든 개인에게 무조건적으로 지급되는 주기적 현금 급여다."

파레이스의 정의에 따르면 기본소득은 부자든 빈자든, 일을 하든 하지 않든 받을 수 있습니다. 1차 재난지원금처럼 국민이라면 당연히 받는 것이죠. 심지어 한 번이 아니라 지속적으로 받을 수 있습니다. 1차 재난지원금은 일시적인 지원이었지만 기본소득은 매달, 매 분기 혹은 매년 받을 수 있는 것이죠. 그것도 현금으로요. 어떤가요? 마음 한편이 든든해지지 않나요?

충분한 기본소득을 정기적으로 받을 수 있다면 코로나19와 같은 재난의 무게도 좀 더 수월하게 버틸 수 있을 것만 같습니다. 더 나아가 4차 산업혁명과 함께 나타날 미래에 대한 막연한 두려움을 극복하는 데도 도움이 되겠죠. 로봇이 인간의 일자리를 대체해도, 혹은 정규직이 아닌 시간제 노동자라도 안정적인 소득을 기대할 수 있으니까요. 사람들은 생계를 위해 열악한 일자리에 매여 있는 대신 돈 때문에 하지 못하고 미루어 뒀던 일들을 시작해 볼 수도 있을 거예요.

파레이스의 정의에서 기본소득의 주요한 특징들을 살펴볼 수 있어요. 파레이스를 포함해 기본소득을 연구하는 학자들은 기본소득이 갖추어야 할 주요한 특징들에 대해 다양한 주장을 해 왔는데요. 이들이 공통적으로 주장하는 다섯 가지 특징을 정리하면 다음과 같습니다.

첫째, 보편성입니다. 기본소득은 일정한 기준에 따라 복지 대상자를 선발하는 선별적 복지 제도와 달리 모두에게 지급됩니다. 소득 및 자산 수준과 관계없이, 일을 할 수 있는 능력 여부와 관계없이 누구나 공평하게 지급받을 수 있어요.

둘째, 무조건성입니다. 기본소득은 돈을 받기 위해 무엇을 해야 한다는 조건이 없습니다. 일을 해야 한다든가, 직장을 구하기 위해 노력을 해야 한다든가 하는 의무가 요구되지 않죠.

셋째, 개별성입니다. 기본소득은 누구에게나 지급하는 보편적인 소득이기 때문에 가구 단위로 지급하지 않고 '개인'에게 지급합니다. 가구 단위로 지급하게 되면 구성원을 대표해 기본소득을 받은 사람이 다른 구성원의 몫을 독차지할 수도 있거든요.

코로나19로 인한 1차 재난지원금은 가구별 대표자 한 명, 즉 세대주가 가족 전체의 지원금을 받았었는데요. 이때 세대주가 받은 지원금이 가족 구성원에게 돌아가지 못했다는 비판이 있었습니다. 남편에게 가정 폭력을 당하고 있는 아내는 자신과 아이들의 몫으로 나온 재난지원금을 남편에게 받기 어려웠고요. 이외에도 별거 중인 부부나 세대주와 불화가 있는 가족은 실질적으로 혜택을 받지 못해 갈등이 나타나고 있다는 지적이 나왔죠.

때때로 돈은 권력이 되기도 합니다. 돈을 버는 사람이 아버지뿐인 가족이 있다고 생각해 봅시다. 물론 아버지가 자신이 번 소득을 사랑하는 가족들과 논의해 사용할 수 있습니다. 하지만 말을 듣지 않는 가족 구성원에게는 돈을 주지 않으며 자신의 뜻대로 행동하도록 강요할 수도 있죠. 이 경우 가족 간의 평등한 관계가 유지될 수 있을까요? 또 아버지를 제외한 나머지 구성원이 돈과 관련된 문제에서 자유롭게 의견을 낼 수 있을까요? 개인에게 지급되는 기본소득은 사람들에게 보다 동등하고 자유롭게 행동할 기반을 마련해 줄 것입니다.

넷째, 정기성입니다. 기본소득은 매달 또는 매 분기 일정한 간격을 두고 정기적으로 주어지는 소득입니다. 물론 돈을 몇 차례에 걸쳐 나누어 주는 것보다 한꺼번에 주는 편이 행정 업무를 처리하는 데는 더 효율적일지도 모릅니다. 하지만 위험한 투자나 사기 등으로 한순간 모든 돈을 잃게 될 가능성도 존재합니다. 이 때문에 기본소득 지지자들은 일정한 간격을 두고 현금을 정기적으로 지급해 모든 사람이 안정적인 삶을 지속할 수 있도록 해야 한다고 주장합니다.

다섯째, 현금성입니다. 기본소득은 현금으로 지급합니다. 여러분은 '아니 그럼 돈으로 주지, 뭘로 준다는 거야?'라고 생각할 수도 있을 거예요. 그런데 어떤 사람들은 돈이 아니라 쌀이나 옷 같은 생필품을 지급하거나, 교육비나 주거비 등에만 사용할 수 있는 상품권을 제공해야 한다고 주장합니다. 복지 혜택을 현금으로 지급하면 그 돈을 엉뚱한 곳에 사용할 수도 있으니까요. 예를 들어 도박을 하거나 술을 마시는 데 다 써 버리면서요.

알코올 의존증에 걸린 사람에게 돈 대신 쌀을 주었다고 가정해 볼까요? 이 사람은 지급받은 쌀로 배고픔을 해소할 수 있을 것입니다. 하지만 쌀을 시장에 팔아 그 돈으로 술을 살지도 몰라요. 현금으로 준 것과 큰 차이가 없는 결과가 나타나는 것이죠. 이번에는 알코올 의존증이 없는 사람에게 쌀을 준다고 해 봅시다. 이 사람은 쌀을 팔지 않을까요? 그건 확신할 수 없습니다. 쌀보다는 라면이나 빵을 더 좋아할 수 있으니까요.

이렇듯 현금이 아닌 물건이나 상품권을 제공한다면 현금보다 만족도가 낮을 수밖에 없습니다. 게다가 지급한 물건을 팔아서 개인이 원하는 것을 사게 된다면 정부가 특정한 물건을 지급한 목적도 이루지 못하는 것이죠. 그래서 기본소득을 찬성하는 사람들은 선택의 자유를 보장하기 위해서 현금으로 지급해야 한다고 주장합니다.

이러한 특징을 가진 기본소득은 기존 복지 제도와는 많이 다릅니다. 우리는 앞에서 우리 사회가 겪고 있는 큰 변화,

즉 불평등의 확대, 기존 사회 복지 제도의 한계 등을 살펴보았습니다. 기본소득은 이와 같은 상황에 대응하고 더 나은 사회를 만들려는 사람들의 고민으로 다듬어지고 있어요. 노동의 형태와 그에 따른 노동소득도 지금과는 달라질 사회에서 모두가 존엄하게 살 수 있는 방법을 찾아가면서요.

"배고픈 자에게 물고기를 주지 말고 물고기 잡는 법을 알려 줘야 한다."는 말이 있습니다. 물고기를 주면 당장의 배고픔에서 벗어날 수는 있지만, 물고기 잡는 법을 알려 주면 그 기술을 이용해 언제든 물고기를 잡아 지속적으로 배고픔을 해결할 수 있기 때문이죠. 또 다른 관점에서 보면 배고픈 자에게 물고기라는 생산물을 주는 대신 물고기를 생산하는 과정에 참여할 수 있도록 도와주라는 말이기도 합니다.

그런데 스탠퍼드 대학 인류학 교수 제임스 퍼거슨(James Fergusson)은 이렇게 말합니다. 물고기 잡는 법을 알아도 물고기를 잡을 수가 없다고요. 왜냐고요? 대기업의 경우 막대한 자본과 기술을 통해 개인들보다 훨씬 저렴한 비용으로 많은 물고기를 잡고 있으니까요.

그렇다면 대기업에 들어가면 되지 않을까요? 그런데 대기업은 물고기를 잡는 데 사람의 노동력이 필요하지 않습니다. 로봇과 기계가 물고기를 잡는 것부터 손질, 포장, 배송까지 척

척 다 하니까요. 쉬지도 않고, 불평불만도 없고, 복지를 요구하지도 않으면서요. 일을 하지 '않아서' 배가 고픈 것이 아니라 일을 할 수 '없어서' 배가 고픈 사회입니다. 그렇기에 이제 물고기 잡는 법을 가르치는 것이 아니라 물고기를 주어야 한다는 것이죠.

아무 조건 없이 모든 사람에게 물고기를 주면 어떤 일이 발생할까요? 물고기를 받은 사람들은 우선 먹고사는 걱정으로부터 해방될 것입니다. 생계를 해결하기 위해 고용주나 고객 앞에서 비굴해질 필요도 없겠죠. 사람들은 남은 시간에 자신이 무엇을 하고 싶은지를 고민하게 될 거예요. 하고 싶은 일을 배우고, 도전하고, 실패하고, 다시 일어나며 성장하겠죠. 먹고살기 위해 열악한 일자리에서 견뎌야만 했던 시간 혹은 그 일자리마저 없어 고통받았던 시간은 이제 미래에 대한 기대로 채워지게 될지도 모릅니다.

세계 곳곳에서 시도 중인 기본소득 실험

캐나다 민컴 프로젝트

1973년 가난한 이민자가 많았던 캐나다 매니토바주에서 민컴 프로젝트(Mincome Project)라고 불리는 특별한 실험이 시작되었습니다.[45] 민컴(mincome)이란 최소 소득(minimum income)의 줄임말입니다. 매니토바 주정부는 이 실험을 통해 사람들이 정부로부터 정기적으로 돈을 받게 되면 어떤 일이 벌어지는지 확인하고자 했습니다. 정부는 저소득층 1,000여 가구에 해마다 3,300달러(4인 가족 기준, 현재 한화로 약 1,500만 원)를 지급하고 어떤 변화가 나타나는지 살펴보았습니다.[6]

하지만 이 특별하고도 과감한 실험의 결과는 오랫동안 공개되지 못했습니다. 1976년 주정부가 바뀌면서 프로젝트가 중단되었기 때문이죠. 새로운 정부는 가난한 이들에게 현금을 주는 것은 재정만 축내는 일이라고 여겼습니다. 사람들이 일을 하지 않고 아이만 낳을 것이라고 생각했으니까요. 결국 민컴 프로젝트는 제대로 연구되지 못한 채 창고 한구석에 묻혀버리게 됩니다.

그로부터 약 30년이 지나 매니토바 대학 교수 에블린 포르제(Evelyn Forget)는 당시 기록들을 찾아내 민컴 프로젝트 결과를 분석했습니다. 결과는 상당히 흥미로운데요. 현금을 주면 게을러질 것이라는 예상을 뒤집고 사람들은 더 나은 삶을 위해 나아가는 모습을 보였습니다.

우선 기본소득이 노동시간에 미치는 영향은 매우 적은 것으로 드러났습니다. 임신이나 학업 같은 특별한 이유가 아닌 한 사람들은 기본소득을 받는다고 일하는 시간을 줄이지 않았습니다. 기혼 여성들은 당시 4주밖에 되지 않았던 출산휴가를 보완하기 위해 휴가를 조금 더 사용했고, 청소년기 남성들의 경우 학비나 생활비를 마련하느라 중간에 학업을 그만둘 일이 없어지니 노동시간이 줄어든 것이라고 해요. 기본소득으로 노동시간이 감소하기는 했지만 직장에 다니면서 아이를 키우는 여성은 아이와 더 많은 시간을 보낼 수 있게 되었고 학생들은 끝까지 학업을 마칠 수 있게 된 셈이죠.

이외에도 긍정적인 변화를 확인할 수 있었습니다. 범죄율은 약 42%나 줄었고 병원 방문 빈도도 낮아졌다고 합니다. 도핀이라는 작은 마을에서는 빈곤율이 0%에 가깝게 떨어졌다고 하고요. 재정만 축낼 거라는 우려와 달리, 민컴 프로젝트는 기본소득이 사회의 다양한 문제를 해결할 열쇠가 될 수 있음을 보여 주었습니다.

민컴 프로젝트 이후 약 40년이 지난 2017년, 캐나다 온타리오주에서 1인당 연간 최대 1만 6,989달러(한화로 약 1,410만 원)를 지급하는 기본소득 실험을 시작했습니다.[7] 이 시도 역시 약 1년 후 중단되기는 했지만 민컴 프로젝트의 결과를 진지하게 받아들이고 있다는 것을 의미하겠죠.

나미비아의 기본소득 실험

이번에는 기금 모금 캠페인으로 예산을 확보해 둔 덕분에 실험을 계획대로 마칠 수 있었던 사례를 살펴보겠습니다.[8] 바로 아프리카 대륙 남서부에 위치한 나미비아의 기본소득 실험입니다.

나미비아는 아프리카 국가들 가운데 부유한 편에 속합니다. 국토 면적이 한국의 약 8배에 달하며 다이아몬드의 주요 생산국입니다. 하지만 그 축복을 모두가 누리고 있지는 않습니다. 인구의 10%도 되지 않는 백인이 국토의 80%를 소유하고 있을 정도로 인종 간 빈부 격차가 극심한 나라거든요. 세계은행에 따르면 2003년 상위 10%와 하위 10%의 소득 점유율은 각각 54.8%, 1.1%로 약 50배의 차이를 보였다고 해요.[9]

나미비아 수도에서 동쪽으로 100km 떨어진 오치베라-오미타라는 백인들이 소유한 농장에서 일하며 생계를 이어 가는 극빈층이 살고 있는 시골 마을입니다. 2008년 이곳에서 기본소득 실험이 진행됐어요. 2008년 시민단체 '기본소득 연합(Basic Income Grant Coalition)'에서 마을 주민 930명에게 2년 동안 매달 100나미비아 달러(한화로 약 8,000원)를 조건 없이 지급하기로 한 것이죠.

이 실험에 백인 부유층은 심하게 반발했습니다. 가난한 사람들에게 그냥 돈을 주면 일을 하지 않을 것이라고요. 받은 돈을 술을 사는 데 탕진할 것이라고도 했죠. 많은 논란 속에서 실험이 진행되었고, 숱한 우려에도 불구하고 100나미비아 달러를 받은 사람들은 생산 활동을 하는 데 돈을 썼습니다. 그중 프리다 넴봐야는 100나미비아 달러로 식량을 사는 대신 밀가루와 이스트를 구입해 빵을 만들어 팔기 시작했습니다. 에밀리아는 옷감을 사서 옷을 만들어 팔았죠.[10][11] 일자리가 없었던 실업자와 저임금을 받으며 백인 농장에서 일했던 사람들은 자신들의 일을 시작했습니다. 매달 안정적으로 받을 수 있는 100나미비아 달러가 새로운 일에 도전할 기회를 준 것입니다.

이렇듯 기본소득을 지급하면 사람들이 일을 하지 않을 것이라는 우려와 반대로 새로운 상점들이 문을 열게 되었습니다. 실업률이 감소하고 경제활동에 참여하는 사람들이 증가했죠. 기본소득을 지급하기 전에는 주민의 30%가 '매일 먹을 음식이 부족하다'고 했지만 실험 이후 이 응답은 12%로 줄어들었습니다. 주민들의 평균 소득은 얼마나 달라졌을까요? 1인당 월평균 소득은 기본소득을 제외하고도 118나미비아 달러에서 152나미비아 달러로 증가했다고 합니다.[12]

이뿐만 아니라 기본소득은 다음 세대에 희망의 불씨가 되어 주었습니다. 영양실조로 고통받는 아이들의 비율은 42%에서 17%로 감소했습니다. 농장에서 일하느라 몇 주씩 결석했던 아이들이 학교로 돌아가 공부를 하기 시작했죠. 과거에는 학교를 중간에 그만두는 학생의 비율이 40%에 육박했지만 실험 후에는 거의 0%로 떨어졌다는 결과가 나타났습니다. 기본소득으로 빵집을 열었던 프리다 넴봐야의 딸 줄리아는 아무것도 먹지 못해 수업 도중 지쳐 잠드는 일이 많았지만, 기본소득을 받은 이후로는 수업에 집중할 수 있게 되었습니다. 학교를 졸업한 나미비아 아이들은 더 나은 미래를 꿈꿀 수 있지 않을까요?

나미비아의 기본소득 실험은 2년간 진행된 후 종료되었습니다. 다양한 성과에도 불구하고 나미비아 의회와 정부는 기본소득에 대해 부정적이었죠. 기본소득이 사람들을 게으르게 만드는 것은 아니지만 경제적으로 도움이 될 만한 직접적인 증거가 있는 것도 아니라고 하면서요.[13] 나미비아 총리는 "아무것도 하지 않는 사람들에게 공짜로 돈을 나눠 줄 수는 없다."라며 기본소득 정책을 실현하려는 의지를 보이지 않았습니다.

나미비아의 실험이 보여 준 긍정적인 효과는 기본소득에 대한 논의를 뜨겁게 달구고 있습니다. 기본소득이 사람들을 게으름에 빠뜨리고 조건 없이 주어지는 소득에 의존하게 만들 것이라는 주장을 반박하면서 말이죠.

기본소득이 사람들을 게으르게 만든다고?

개미가 기본소득을 받으면 베짱이가 될까?

이솝 우화 〈개미와 베짱이〉는 겨울을 대비해 부지런히 음식을 모으는 개미와 게으름을 부리다가 겨울이 되자 굶주림에 고통받는 베짱이에 대한 이야기입니다. 어느 날 신이 모든 개미에게 모든 계절 동안 굶어 죽지 않을 만큼의 식량을 제공한다면, 개미는 베짱이처럼 방탕한 생활을 하게 될까요? 물론 그럴 수도 있습니다. 겨울을 대비하지 않아도 되니 신나게 노래나 부르고 누워서 햇볕이나 쬘 수도 있겠죠.

하지만 부지런함이 몸에 밴, 공동체 생활을 하는 개미는 다른 선택을 할 수도 있습니다. 음식을 비축하느라 일하던 시간에 개미 사회의 규칙을 새롭게 정하기 위한 논의를 할 수도 있고, 개미굴을 더 넓고 쾌적하게 확장할 수도 있습니다. 이전까지 먹었던 음식들을 더 맛있게 먹기 위해 새로운 요리법을 개발할지도 모릅니다. 어디까지나 우리의 상상일 뿐이지만요.

그렇다면 인간은 어떨까요? 인간은 오랫동안 게으름을 경계해 왔습니다. 영화 〈신과 함께〉에서도 태만하게 살며 삶을 허비한 사람은 나태 지옥에 빠져 끊임없이 뛰어야 하는 형벌에 처해지죠. 사회보장제도 역시 일할 수 있는 사람들이 게으름에 빠지지 않도록 다양한 조건을 붙여서 혜택을 제공합니다. 지원금을 받으려면 일자리를 구하기 위해 적극적으로 서류를 제출하고 면접을 보아야 한다든가 취업을 위해 기술을 배워야 한다는 조건들이요. 이는 조건 없는 복지 혜택이 인간을 나태하게 만들 것이라는 걱정을 보여 줍니다.

MIT 경제학과 교수 에스테르 뒤플로(Esther Duflo)는 이러한 생각에 반박합니다. 복지가 사람들을 게으르게 한다는 증거는 없다면서요. 다만 기존 선별적 복지는 사람들이 일을 하지 않게 유인하는 요소가 있다고 지적합니다. 소득이 늘어나면 복지 혜택을 받지 못하므로 적극적으로 열심히 일하는 것을 막는다는 것이죠. 하지만 기본소득은 소득이 많든 적든 상관없이 모두에게 지급되므로 노동 의욕을 꺾지 않는다고 강조합니다. 그래서 기본소득을 찬성하는 경제학자들이 있는 거고요.

앞서 살펴본 캐나다의 민컴 프로젝트나 나미비아의 실험 결과를 비롯해 많은 국가에서 시도한 기본소득 실험은 뒤플로의 말에 힘을 실어 주고 있습니다. 기본소득을 받은 사람들과 받지 않은 사람들 간의 노동시간이 크게 차이 나지 않는다는 결과를 보여 주면서요. 가난한 국가에서는 오히려 노동시간이 늘어나기도 했습니다. 나미비아처럼 말이죠.

2019년 경제학자 아비지트 배너지(Abhijit Banerjee)와 그의 동료들은 가나에서 이와 관련된 실험 결과를 발표했습니다. 이들은 '빈곤 졸업 프로그램'이라는 이름으로 참여자들에게 현금 대신 염소와 닭을 조건 없이 지급하는 실험을 진행했습니다. 그리고 염소와 닭을 지급받은 사람들 중 일부에게 가방을 만들게 하고 그 가방을 제법 비싼 값에 사 주었습니다. 참여자들에게 소득을 제공한 셈이죠. 한편 염소와 닭을 받지 않은 사람들에게도 같은 일을 시키고 누가 얼마나 실수 없이 많은 가방을 만들어 내는지 비교해 보았습니다.

그 결과는 어땠을까요? 놀랍게도 염소와 닭을 받은 사람은 받지 않은 사람만큼 열심히 일했습니다. 그리고 염소와 닭을 받은 사람들이 가방을 더 많이, 그리고 실수 없이 만들어 냈다고 합니다. 뒤플로 교수는 염소와 닭을 받은 사람들은 안정적인 소득 덕분에 돈 걱정에서 벗어나 일에 집중할 수 있었기 때문에 더 높은 생산성을 보였다고 해석하죠.[14 15]

2017년 핀란드에서 기존 기본소득 실험과 조금 다른 형태의 실험을 진행했습니다. 기본소득이 고용을 촉진할 수 있는지 확인하는 실험이었죠. 실험을 계획할 당시 핀란드 정부는 높은 실업률과 낮은 경제성장률로 고민이 깊었습니다. 일부에서는 핀란드의 높은 실업급여가 그 원인이라고 생각했습니다. 일자리를 구하면 더는 실업급여를 받지 못하니 사람들이 일을 하지 않으려고 한다고요.

그런데 기본소득은 일을 해서 노동소득을 얻더라도 받을 수 있습니다. 그래서 일부 정책 전문가와 학자 들은 실업급여 대신 기본소득을 지급하면 사람들이 돈을 더 벌기 위해 일을 하게 될 것이라고 기대했고, 이를 실증적으로 확인하고자 실험을 설계했어요. 실업급여를 받는 25~58세 국민 중 2,000명을 무작위로 선발해 2년 동안 실업급여 대신 기본소득을 월 560유로(한화로 약 70만 원)씩 지급하고 이 사람들이 실업급여 수

핀란드의 기본소득 실험

2017년 1월, 핀란드의 사회보험 기관인 켈라(Kela)를 찾은 사람들의 모습. 켈라는 실험 기간 동안 참여자들의 취업 여부, 소득 변화, 구직 활동 등 자료를 수집, 분석했다.

급자보다 일을 더 많이 하는지 비교했습니다.

실험 결과는 어땠을까요? 고용에 미치는 영향은 미미했다고 합니다. 기본소득을 받은 집단이 실업급여를 받은 집단보다 평균 고용 일수가 아주 조금 높게 나타나기는 했지만 통계적으로 의미 있는 차이는 발견할 수 없었다고 해요. 그 원인이 기본소득이라고 보기는 어렵다는 뜻이죠. 하지만 삶의 만족도나 건강 상태, 사회제도에 대한 신뢰도는 기본소득을 받은 사람들에게서 높게 나타났습니다.

흥미롭게도 이 결과에 대해 상반된 평가가 내려졌습니다. 한쪽에서는 핀란드의 기본소득 실험이 실패했다고 주장합니다. 기본소득이 고용을 촉진하지 못했으니까요. 하지만 반대 의견도 있습니다. 기본소득이 고용을 증가시키지는 않았지만 동시에 기본소득을 받은 사람들이 게을러진다는 결과가 나타나지도 않았다는 것이죠. 기본소득이 사람들을 베짱이로 만들 것이라는 우려에는 실증적인 근거가 없다는 이야기입니다.

또한 실험 집단이 기존에 실업급여를 받고 있던 사람들로만 구성되었다는 점, 2년 후 실험이 종료될 것을 알고 있기 때문에 실험자들이 적극적으로 구직 활동을 하지 않았을 수도 있다는 점 등 실험의 여러 한계로 인해 기본소득의 효과를 제대로 측정하지 못했다는 평가도 존재합니다. 그럼에도 기본소득을 받은 사람들의 삶이 질이 전보다 나아졌다는 점에서 핀란드의 실험을 실패로 단정할 수만은 없습니다.[16]

내가 기본소득을 받는다면

여러분은 한 달에 약 130만 원의 기본소득을 받는다면 어떨 것 같나요? 아무런 일도 하지 않고 그저 빈둥거리며 돈을 쓰기만 할 건가요? 아니면 직장을 다니거나 다른 일들을 시도

해 볼 생각인가요? 그렇다면 다른 사람들은 어떨까요?

2018년 미국인 1만 명에게 비슷한 질문을 던졌습니다. 사람들을 A와 B 두 그룹으로 나누고 A그룹에 다음과 같은 질문을 던졌습니다. "기본소득으로 1년간 1만 3,000달러(한화로 약 1,700만 원)를 받는다면 일을 그만둘 건가요?" 단 12%만이 일을 그만두겠다고 답했습니다. 88%는 일을 계속하겠다고 했죠. 이번에는 B그룹에 조금 다른 질문을 던졌습니다. "다른 사람들이 기본소득을 받으면 일을 그만둘까요?" 그러자 재미있는 결과가 나왔습니다. 49%의 사람들이 "다른 사람들은 기본소득을 받으면 일을 그만둘 것이다."라고 답했죠.

자신에게 1년간 그 정도의 돈이 주어지면 일을 계속 하겠지만 다른 사람은 일을 그만둘 것이라고 생각한 것입니다. 어쩌면 우리는 타인의 게으름을 지나치게 염려하고 있는지도 모릅니다. 앞서 살펴봤던 실험들에서도 기본소득을 지급하더라도 사람들이 일하고자 하는 의욕을 잃지 않았다는 점을 확인할 수 있었죠.

우리는 일이란 힘들고 하기 싫지만 돈을 벌기 위해 어쩔 수 없이 하는 것이라고 생각합니다. 그러니 돈 문제만 해결된다면 당연히 일하지 않을 거라고 여기죠. 하지만 인간은 참 복잡한 존재입니다. 누가 시키지도 않았는데 높고 가파른 산봉우리에 오르고, 존재하지 않는다는 것을 알면서도 판타지 소설에 열광하고, 짝사랑하는 상대를 위해 전할 수 없을지도 모를 선물을 사는 존재죠.

그뿐인가요? 누군가 어려움에 빠지면 가진 것을 기꺼이 내놓기도 합니다. 수해(水害)를 입은 사람들을 위해 기부금을 내고 복구 작업에 참여해서 구슬땀을 흘리는 사람들이 있습니다. 어떠한 경제적 보상도 주어지지 않는데 말이에요.

인간은 그저 먹고사는 것으로 만족하는 존재가 아닙니다. 공동체에 소속되고 싶고, 사랑받고 사랑하고 싶으며, 자아를 실현하려는 욕구를 가진 복잡다단한 존재죠. 그렇다면 단순히 경제적 유인만으로 인간의 행동을 예측하기는 어렵지 않을까요?

일은 단순히 소득을 얻는 수단만은 아닙니다. 우리는 일에서 삶의 의미와 자아실현의 기회, 사회적 연결망과 사회에 기여하고 있다는 자부심 등을 찾기도 하니까요. 그러니 최소한의 소득이 보장된다고 하더라도 인간이 가진 복잡다단한 욕구들은 우리를 나태하게 살도록 내버려 두지 않을 겁니다.

사회적 낙인을 넘어

여러분은 이렇게 생각할지도 모릅니다. '인간이 기본소득을 받아도 게을러지지 않을 그런 존재라면, 그냥 부지런히 일을 해서 정정당당하게 돈을 벌면 되잖아!'라고요. 신분제가 엄격하게 작동했던 과거와는 달리, 현대사회에서는 누구나 열심히 노력해서 자신의 능력을 키운다면 성공할 수 있다고 믿기 때문이죠.

그런데 이러한 믿음은 가난한 사람들에 대해 차가운 태도를 갖게 합니다. 노력이 부족해서, 혹은 다른 사람보다 능력이 뒤처져서 복지 수급자가 되었다고 생각하게 만드니까요. 그런데 정말 그럴까요?

2017년 김희삼 광주과학기술원 교수는 한국, 중국, 일본, 미국 대학생에게 이런 질문을 던졌습니다. "당신의 나라에서 청년들이 성공하는 데 중요한 요인은 무엇입니까?" 많은 미국 학생이 노력을 꼽았습니다. 중국과 일본의 많은 학생은 재능이라고 답했습니다. 그렇다면 한국 학생들은 어떻게 답했을까요? 무려 응답자의 50%가 넘는 학생들이 한국에서 성공하기 위해서 가장 중요한 요인은 부모의 재력이라고 답했습니다.[17]

참 이상하죠. 1894년 갑오개혁으로 신분제가 완전히 사라졌고, 한국은 자신의 능력에 따라 성공할 수 있는 사회여서 열심히 노력하면 된다고 배웠는데 왜 이런 결과가 나타났을까요?

한국장학재단의 자료에 따르면 국가 지원 장학금을 신청

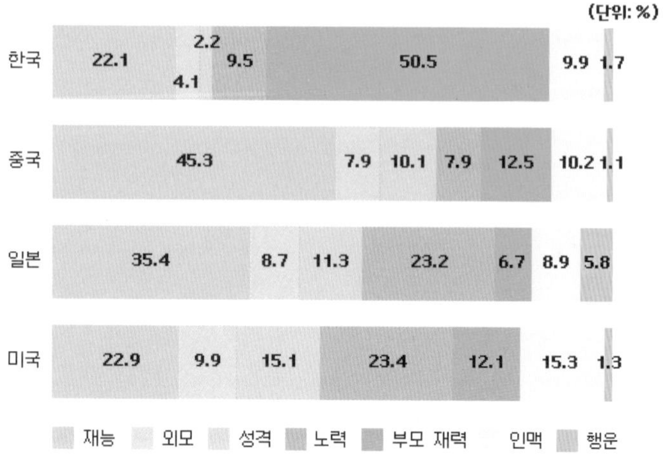

(출처: 광주과학기술원, 2017)

성공 요인 1순위에 대한 4개국 대학생 인식 조사

한 2020학년도 서울대 의과대학 입학생 중 약 84.5%가 연소득 1억 이상인 고소득층 자녀였습니다. 로스쿨도 상황이 비슷합니다. 장학금을 신청한 서울대 로스쿨 입학생의 69.2%는 고소득층 자녀라고 해요.[18] 출신 가정의 소득이 높을수록 의사나 변호사가 되어 다시 고소득층으로 살아갈 가능성이 높다는 것이죠. 이러한 상황을 보며 누군가는 '교육의 사다리가 사라졌다.'라고 표현하기도 합니다. 평범한, 혹은 어려운 환경에서 자란 사람이 성공하는 것은 점점 더 보기 드문 일이 되어 버렸으니까요.

부모의 재력이 자녀의 계급을 결정한다는 '수저 계급론'이 유행하며 일명 금수저를 동경하게 된 것도 이상한 일이 아닙니다. 가수 BTS의 노래 〈불타오르네〉에도 "그 말하는 넌 뭔 수저길래, 수저수저 거려 난 사람인데"라는 가사가 나올 정도로 수저, 즉 부모의 재력이 많은 영향을 발휘하는 사회입니다.

그럼에도 노력과 능력에 따라 보상이 주어진다는 믿음은 여전히 존재하는 것 같습니다. 세계불평등연구소의 2021년 설문조사 결과를 보면, 한국은 소득 격차의 원인으로 부모의 재력을 선택한 비중이 46%로 OECD 평균인 26%보다 높게 나타났습니다. 한편 노력(근면)을 꼽은 비중도 86%로, OECD 평균인 74%보다 높았죠.

부모의 재력으로 경제적 지위가 결정되는 현실을 인정하면서도 열심히 노력하면 성공할 수 있다는 믿음 또한 강한 것입니다.[19] 무한 경쟁 사회에서 '평범한 삶'을 유지하려면 '노오력'이 필요하거든요. 안정적인 소득을 얻어 생활에 필요한 상품을 구입하고, 쾌적한 주거 공간을 유지하고, 가정을 꾸리는 삶은 그냥 주어지는 게 아니니까요.

그래서 많은 청년은 공무원이나 대기업 정규직 등 양질의 일자리를 얻기 위해 부단히 노력합니다. 물론 그 자리를 차지하게 되는 것은 일부일 뿐이지만요. 양극화가 심화되고 사람들이 선호하는 일자리가 줄어들수록 경쟁에서 밀려나는 사람은 늘어나겠죠. 경쟁에서 승리한 사람은 이렇게 말할지도 모릅니다. "나는 이 자리를 노력과 능력으로 정당하게 얻은 거야."라고요. 그렇다면 경쟁에서 밀려난 사람은 어떻게 되는 것일까요?

1990년 여론조사 전문 기관 한국갤럽조사연구소는 우리나라 국민 1,500명에게 다음과 같은 질문을 했습니다. "주변을 볼 때 대체로 가난한 사람들은 자신들의 노력 부족으로 가난한 경우가 더 많다고 생각하십니까, 아니면 노력해도 환경 때문에 어쩔 수 없이 가난한 경우가 더 많다고 생각하십니까?" 52%는 환경 때문이라고 답했습니다. 응답자의 절반 이상이 가난을 개인의 탓이 아닌 사회의 책임으로 보았다는 것이죠. 2017년 연구소는 같은 질문을 던졌습니다. 결과는 어떻게 달라졌을까요? 환경 때문이라고 답한 사람들의 비율이 40%로 줄었습니다. 가난을 개인의 책임이라고 보는 인식이 강해졌다고 볼 수 있죠.[20]

이번에는 또 다른 여론조사 기관인 한국복지패널의 2018년 설문조사를 살펴볼까요? 빈곤의 원인으로 제시한 여러 항목 중 개인적인 동기와 스스로의 노력 부족이 매우 중요한 원인이라고 응답한 비율이 35.92%, 개인적인 책임감 및 자기 조절의 부족이 매우 중요하다고 응답한 비율이 45.69%였습니다. 낮은 임금(30.81%), 충분한 교육기회 제공의 부족(18.42%), 빈곤층 및 일부 집단에 대한 편견 및 차별(19.86%)과 비교해 개인에게 책임을 묻는 항목이 높은 수치를 보였죠.[21]

그런데 이러한 믿음은 복지 혜택을 받는 사람들이 수치심을 느끼게 만듭니다. 자신의 노력이 부족해서, 혹은 다른 사람보다 능력이 모자라서 복지 수급자가 되었다고 생각하게 하거든요. 그래서 수급자라는 사실을 숨기고 싶어 하죠. 다른 사람들이, 그리고 심지어 스스로도 수급자를 한심하게 여기거나 불쌍한 사람으로 보니까요. 누구도 그러한 평가를 받기를 원치 않습니다.

이것이 선별적 복지가 지닌 낙인의 문제입니다. 대상을 선별해 혜택을 주면 이들 집단에 '도움이 필요한 사람들'이라는 낙인이 붙게 되죠. 학교에서 경제적으로 어려운 학생을 특정해 혜택을 줄 때 다른 이들에게 알려지지 않게 조심하는 것도 이런 낙인으로부터 보호하기 위함입니다. 물론 이 경우에도 스스로가 느끼는 부정적인 감정은 해소할 수 없지만요.

무상 급식이 지금처럼 보편적으로 시행되기 전에 많은 반대에 부딪혔다는 것을 알고 있나요? 무상 급식에 반대하던 사람들은 부자들에게까지 혜택을 줄 필요가 없으며 차라리 그 돈으로 저소득층에 더 큰 지원을 해 주는 것이 낫다고 주장했어요. 무상 급식에 찬성하는 사람들은 혜택을 받는 학생들의 심리에 초점을 맞췄습니다. 혹시 내가 무상 급식 대상자인 것이 친구들에게 드러날까 두려운 마음, 나는 급식비를 내는 친구들보다 못하다는 스스로에게 상처를 주는 마음이요. 선별적 복지가 혜택을 받는 학생들을 위축시킬 수 있다는 점을 지적한 것이죠.

영화 〈나, 다니엘 블레이크〉
감독 켄 로치, 2016

선별적 복지로 인한 수치심은 사실 혜택을 받기 전부터 시작됩니다. 복지 혜택을 받기 위해서는 우선 수급자로 선정이 되어야 하는데, 그러기 위해서는 스스로의 가난을 증명해야 하니까요. 자신이 얼마나 어려운 상황인지, 왜 국가의 지원을 받아야 하는지를 낱낱이 밝히는 과정에서 어떤 기분이 들까요?

2016년 칸 영화제 황금종려상 수상작 〈나, 다니엘 블레이크〉는 선별적 복지에 대한 문제점을 지적하고 있습니다. 심장병을 앓고 있는 주인공 다니엘은 담당 공무원에게 자신이 질병 수당을 받아야 하는 사람임을 증명해야 하죠. 그런데 담당 공무원이 '모자에 손을 올릴 수 있나요?', '의사소통에는 문제가 없나요?'와 같은 질문을 합니다.

사전에 정해진 질문으로 점수를 매겨 질병 수당 수급자를 선별하는 것이죠. 주치의로부터 일을 하면 안 된다는 이야기를 들은 다니엘이지만 모자에 손을 올릴 수 있고 의사소통에도 문제가 없다고 솔직하게 답변하는 바람에 수급 대상자에서 제외되고 말죠.

다니엘은 질병 수당 재심사를 요청하지만 재심사가 언제 진행될지 모르므로 돈이 필요하다면 구직 수당을 신청하라는 안내를 받습니다. 그는 익숙지 않은 컴퓨터로 신청서를 작성하기 위해 이웃의 도움을 얻어 간신히 신청서를 제출하죠. 컴퓨터 작업이 어려운 그는 구직 활동을 하기 위해 하루 종일 온 동네를 돌아다니며 사람들에게 일자리가 있는지 묻고 또 물어 이력서를 제출합니다.

하지만 인터넷으로 이력서를 제출하지 않아서 다니엘의 구직 노력은 인정되지 않았죠. 다니엘은 결국 무너지고 맙니다. 모든 것을 포기하고 싶어 하죠. 이를 말리는 복지 기관 직원에게 다니엘은 이렇게 말합니다.

"당신처럼 친절한 사람이 그런 이름표나 달고 앉아 잡지도 못 할 일자리를 헛되이 찾아다니는 환자나 상대해야 하다니. 내 시간, 내 고용주 시간, 그쪽 시간 낭비해 봐야 나한테 돌아오는 건 수치심뿐이지 않소. 그냥 내 이름을 명단에서 빼 주시오. 이제 그만하리다."

인간은 존엄한 존재라고 하죠. 국가는 인간으로서의 존엄성을 보장하고자 여러 제도를 운영합니다. 복지 제도도 그중 하나고요. 그런데 오늘날의 복지 제도가 과연 인간의 존엄성을 온전히 보장한다고 볼 수 있을까요? 선별적 복지는 누군가를 복지 혜택에서 배제하는 동시에, 혜택을 받는 사람의 마음에도 상처를 남기게 되는데 말이에요.

게다가 불평등이 심화되고, 양질의 일자리가 사라질 것으로 예상되는 앞으로의 사회에서는 점점 더 많은 사람이 어려움에 처하게 되겠죠. 기술의 비약적인 발전으로 인해 더욱 치열해진 경쟁에서 밀려나는 사람들은 점점 늘어날 테니까요. 안정적인 소득과 함께 자존감도 잃어버린 인간이 존엄성을 누리기는 어려울 것입니다. 그러니 이제 새로운 제도가 필요합니다. 간신히 먹고살 수 있게 해 주는 제도를 넘어 인간의 존엄성을 보장해 주는 제도 말이에요.

사람들이 복지 혜택에서 배제되어도 고통받고, 복지 혜택을 받더라도 고통받는다면 누군가를 선별할 필요가 없는 제도를 만들면 되지 않을까요? 누구에게나 기본적인 소득이 보장되는 사회라면 경제적으로 어려운 사람에게 복지 혜택을 제공하기 위해 소수의 사람만 선별할 필요가 없어질 것입니다.

헌법 제10조를 보장하기 위해서는 모든 국민이 자유와 권

> **대한민국 헌법 제10조**
>
> 모든 국민은 인간으로서의 존엄과 가치를 가지며,
> 행복을 추구할 권리를 가진다.
> 국가는 개인이 가지는 불가침의 기본적 인권을 확인하고
> 이를 보장할 의무를 진다.

리를 온전히 누릴 수 있도록 해야 하겠죠. 여기서 말하는 자유란 단순히 국가나 다른 사람들로부터 간섭받지 않을 권리뿐 아니라 자신이 원하는 것을 할 수 있는 기회를 얻는 것까지 포함합니다. 무언가를 배우거나 경험하거나 새로운 일에 도전하는 일처럼요. 기본소득은 이를 가능하게 하는 수단이 될 수 있습니다. 모든 인간은 자신의 마땅한 권리로서 획득한 기본소득으로 자신을 구속하던 먹고사는 문제에서 해방되어, 자유롭게 삶의 의미를 찾아나가며 존엄성을 지킬 수 있을 것입니다.

나에게는 자격이 있다!

그런데 공동체 구성원이라는 이유만으로 소득을 얻는 것이 말이 되냐고요? 여러분이 놀라는 것도 이상하지 않습니다.

보통 '소득'을 생산적인 일에 참여한 대가라고 생각하니까요. 취업을 해서 일을 하고 그 대가로 얻는 노동소득 같은 것들이요.

그런데 말이에요, 기본소득을 찬성하는 사람들은 사회의 모든 구성원은 가만히 앉아 있어도 그 사회에서 생산한 것들에 대해 일정한 권리를 주장할 수 있다고 말합니다. 건물주가 노동을 하지 않아도 자신의 건물이 생산에 기여하기에 그 대가를 받는 것처럼요. 왜냐고요? 자동차 회사를 예로 들어 볼까요.

우선 자동차를 생산하기 위해서는 일정한 공간의 땅이 필요합니다. 이 땅은 누구의 것일까요? 기업이든, 혹은 다른 누군가든 땅의 소유권자는 분명히 있겠죠. A라는 사람이 이 땅의 소유권을 가지고 있다고 가정해 봅시다. A는 어떻게 이 땅의 주인이 되었을까요? 네, 맞습니다. 이전 소유권자에게 돈을 주고 샀을 겁니다. 전 소유권자는 어떻게 그 땅의 소유권을 가지게 되었을까요? 전전 주인에게 대가를 지불하고 소유권을 얻었겠죠.

소유권자들을 쭉 거슬러 올라가 최초의 소유권자를 떠올려 보겠습니다. 최초의 소유권자는 대체 어떻게 이 땅의 소유권을 얻게 된 것일까요? 자신의 힘으로 이 땅을 생산한 것은 아닐 테죠. 땅은 누군가의 소유가 되기 이전에 그저 자연적으로 주어져 있던 것이니까요.

현재 미국인들이 살고 있는 땅은 오래전 약 1,000만 명의 원주민이 삶을 영위하는 공간이었습니다. 이들에게는 땅을 구분해 경계를 짓고 누군가가 독점적으로 사용한다는 생각이 무척 낯선 것이었습니다. 그래서 백인들이 배를 타고 그 땅에 왔을 때 그들의 정착을 도왔습니다. 땅은 모두가 함께 사용해야 하는 것이라고 생각했으니까요.[22]

1854년 미국의 제14대 대통령 프랭클린 피어스(Franklin Pierce)는 지금의 워싱턴주에 살고 있던 원주민 대추장에게 그들의 땅을 팔라는 제안을 했는데요. 이에 대추장 시애틀(Seattle)은 피어스 대통령에게 다음과 같은 답장을 보냈다고 합니다.

> 워싱턴의 위대한 지도자인 당신은 우리의 땅을 사고 싶다는 요청을 해 왔습니다. 또한 우정과 선의의 말들을 우리에게 보내왔습니다. 그 답례로서 우리의 우정을 요구하지 않았기 때문에 그가 얼마나 친절한 사람인지 압니다. 그럼에도 우리는 당신의 제안을 고려할 것입니다. 만일 그렇게 하지 않는다면 백인들이 총으로 우리 땅을 빼앗아 갈 것을 알기 때문입니다.
>
> 당신은 어떻게 하늘을, 땅의 체온을 사고팔 수 있습니까? 그러한 생각은 우리에게는 매우 생소합니다. 더욱이 우리는 공기

의 신선함과 반짝이는 물의 거품조차도 소유하지 않습니다. 이 땅의 모든 곳이 나의 백성들에게는 신성합니다. 저 빛나는 솔잎들과 모래 해변, 어둠침침한 숲속의 안개, 노래하는 벌레들 모두가 내 백성들의 기억과 경험 안에서 거룩합니다. (후략)[23]

원주민을 몰아내고 땅을 최초로 '자신의 것'으로 사유화한 사람을 과연 그 땅의 정당한 주인이라고 볼 수 있을까요? 자연적으로 존재해 모두가 함께 사용했던 땅을 누군가가 독점한다는 것이 정당한 것일까요? 역사적으로 땅은 사유화될 수 없고 공동재산으로 여겨야 한다고 주장하는 사상가들이 있었습니다. 땅은 인간이 만들어 낸 것이 아니라는 점을 근거로 들면서요. 물론 간척 사업으로 땅을 만들어 낼 수도 있습니다. 하지만 간척 사업이 애초에 없는 땅을 창조하는 것은 아닙니다. 물 아래 있는 땅을 물 밖으로 드러내게 하는 것뿐이니까요.

그리고 사람은 땅 없이 살아갈 수 없습니다. 땅에서 농사를 짓는 농부뿐 아니라 모든 사람은 땅에 발을 딛고 살아가야 합니다. 누군가 공기를 독점할 수 있는 기술을 개발하고 사람들에게 돈을 주고 공기를 샀다고 한다면 과연 공기를 그의 재산이라고 볼 수 있을까요? 땅 역시 모두에게 반드시 필요한 것이며 자연적으로 주어진 것이므로 모두에게 공평하게 이용되

어야 한다고 주장하는 것이죠.[24]

미국 건국의 아버지라 불리는 토머스 페인(Thomas Paine)은 《토지분배의 정의》라는 책에서 "경작되지 않은 자연 상태의 땅은 인류의 공동재산이었으며 계속 그래 왔을 것이라는 점은 논쟁의 여지가 없다."라고 밝혔습니다. 페인은 토지의 사유화가 빈부 격차의 원인이라고 지적하면서 인간이 땅을 만들지 않았기 때문에 땅을 점유할 자연권은 있을지라도 땅을 영구히 자신의 재산으로 만들 권리는 없다고 보았죠. 그래서 토지 소유자들에게 돈을 걷어 21세에 이른 모든 성인에게 15파운드씩 나눠 주자고 주장했습니다. 이 15파운드는 가난하거나 일을 할 수 없거나 특별한 사정이 있어서 받는 것이 아니라 땅이라는 공동재산의 주인으로서 받아야 한다는 겁니다. 자선이 아니라 권리로서요.[25]

다시 자동차 회사 이야기로 돌아오겠습니다. 이제껏 살펴본 논리대로라면 자동차 회사는 땅을 이용해 자동차를 생산하기 때문에 땅의 주인인 공동체에 그 대가를 지급해야 합니다. 땅 말고도 자동차 회사가 생산에 사용하는 공동재산은 또 있습니다. 회사에서는 의사소통을 할 때 문자를 사용합니다. 이 문자는 누구의 것일까요? 사회의 것, 즉 우리 모두의 것입니다. 또 자동차 회사는 정보 통신망을 활용해 생산을 더욱 효율적으로 할 수 있습니다. 그런데 정보 통신 인프라는 누가 제공한 것이죠? SKT나 KT 같은 통신 회사를 떠올릴 수 있을 거예요. 하지만 그 모든 것이 기업의 소유물이라고 볼 수 있을까요?

우리나라의 통신 기술은 1980년대만 하더라도 선진국과 비교해 많이 모자란 수준이었습니다. 그러다 1990년대, 당시 역사상 최대의 예산이 투입된 정부의 초고속 정보 통신망 마스터플랜 수립으로 상황이 전환되었죠. 계획 수립 후 터진 1997년 외환 위기로 사업 진행이 어려운 상황이었지만 정부는 포기하지 않고 이 사업을 추진했습니다. 물론 기업들 역시 정부의 이러한 노력에 부응해 많은 투자를 했죠.[26]

그 결과 오늘날 한국은 인터넷 강국으로 평가받게 되었습니다. 카카오, 네이버 등 정보 통신을 기반으로 하는 기업들 외에도 다양한 기업들이 이러한 인프라를 바탕으로 많은 이익을 얻고 있죠. 자동차 회사 역시 이러한 정보통신망을 활용해 부서 간 업무 공유나 소비자 관리 등 생산의 효율성을 높일 수 있게 되었고요. 또 소비자들에게 자신들이 생산한 자동차에 대한 정보를 다양한 방법으로 홍보할 수 있게 되었죠. 국가가 막대한 예산을 들여 완성한 정보 통신 사업 덕분이에요.

그렇다면 국가의 주인인 시민들은 기업이 생산한 이익의 일부를 나눠 가질 권리가 있다고 볼 수 있지 않을까요? 데이터

정보 통신 인프라

기업은 정보 통신망을 기반으로 다양한 업무를 수행하고 있다.

는 또 어떤가요? 우리가 인터넷 쇼핑을 하거나 배달 음식을 시켜 먹거나 SNS를 즐기며 일상적으로 생산하는 데이터를 활용해 수익을 얻는 기업들은 데이터 제공자들에게 그 대가를 지불해야 하지 않을까요?

땅이나 언어, 정보 통신 인프라 외에도 햇빛, 물, 바람, 지하자원 등 자연에서 얻는 것들과 지식, 문화, 법, 정보 등 사회에서 얻는 것들은 사회 구성원 모두의 것이라고 볼 수 있습니다. 생산 활동은 이런 공유재산을 사용하지 않고서는 불가능하죠. 그러니 모든 사람은 그 사회의 생산물에 대해 일정한 권리를 요구할 수 있다고 보는 것입니다.

물론 기업이 생산한 이익을 모두 국가에 환원해 모든 국민이 똑같이 나누어 가져야 한다는 것은 아니에요. 기업이 기여한 부분은 기업이 가져가야 합니다. 하지만 사회의 공유재산이 생산에 기여한 부분이 있다면 그에 대한 정당한 몫은 사회와 사회 구성원에게 돌아가야 하지 않을까요?

기본소득을 실현할 수 있을까?

재원 마련의 상상력

지구의 하루가 가장 늦게 시작되는 알래스카. 수려한 경관과 더불어 오로라, 백야 같은 신비로운 자연현상을 관찰할 수 있는 곳입니다. 그리고 막대한 양의 석유가 매장되어 있어 석유 수출에 따른 수입으로 기본소득 제도가 안정적으로 운영되고 있는 곳이기도 하죠.

알래스카에서는 1년 이상 거주한 시민권자에게 1년에 한 번 현금(영구기금 배당금)을 지급합니다. 정기적인 소득을 현금으로 지급하는 것이죠. 1년 이상 거주해야 한다는 것 외에는 특별한 조건이 없어요. 2015년에는 1인당 2,072달러(한화로 약 230만 원), 2020년에는 992달러(한화로 약 110만 원)가 지급됐다고 합니다.[27] 이 돈이 지급되는 10월 둘째 주는 소비가 늘어 온 지역이 축제 분위기라고 하죠. 그런데 알래스카에서는 이 돈을 어떻게 마련했을까요?

1967년 알래스카 북부의 프루도만에서 석유 생산이 시작되었습니다. 알래스카는 엄청난 수익을 얻게 되었고, 이 수익을 어떻게 쓸지 고민에 빠졌죠. 도로나 공항, 학교와 같은 인프라를 조성하자는 의견도 있었지만 모든 시민이 혜택을 볼 수 있을 정도로 만들기에는 부족했어요. 게다가 석유는 언젠가 고갈될 자원이기 때문에 버는 대로 모두 펑펑 써 버릴 수도 없었습니다.

알래스카 주정부는 고민 끝에 석유를 팔아 벌어들인 수익의 일부를 모아 두는 알래스카 영구기금(Alaskan Permanent Fund)을 만들었습니다. 그리고 영구기금을 주식이나 채권, 부동산 등에 투자해 또 다른 수익을 얻고자 했죠. 이렇게 얻은 수익을 알래스카 주민들에게 영구기금 배당금이라는 이름으로 나눠 주게

알래스카 해상 터미널

북부 지역에서 뽑아 올린 석유는 약 800km에 달하는 송유관을 통해 이곳 해상 터미널에 도착한다. 이 석유는 여러 지역으로 판매되어 영구기금의 재원이 된다.

된 것입니다.

알래스카 주민은 모두 알래스카 영구기금의 혜택을 공평하게 누리고 있습니다. 알래스카 주민들은 영구기금이 알래스카의 자연 자원에서 발생한 것이고 이는 알래스카 주민 모두의 것이기 때문에 누구나 그 혜택을 동등하게 누릴 권리가 있다고 말합니다. 영구기금 배당금은 당연하게도 저소득층에게 큰 힘이 되고 있는데요. 영구기금 운영 이후 알래스카는 미국의 대다수 주들과 달리 불평등이 감소했다고 합니다. 전 세계적으로 양극화 추세가 심화되는 가운데 보기 어려운 현상이죠.

물론 한국이 알래스카를 그대로 따라하기는 어려워요. 석유가 거의 나오지 않으니까요. 아무리 좋은 제도도 그것을 실행할 수 있는 재원이 마련되지 않으면 뜬구름 잡는 소리일 뿐이죠. 석유 같은 천연자원이 없는 우리나라가 기본소득을 지급하다가 국가 금고에 구멍이 나지는 않을지 걱정하는 것은 당연한 일입니다. 기본소득 제도의 여러 장점에도 불구하고 여전히 많은 사람이 우려를 표하는 것은 이러한 현실적인 이유 때문이죠.

기본소득은 재원을 필요로 합니다. 재원의 규모는 정해져 있지 않습니다. 누구에게 얼마만큼 지급할 것인지에 따라 필요한 재원은 달라지기 때문이죠. 가령 김교성 교수 등은 모든 개인에게 매달 중위소득의 30%에 해당하는 현금을 무조건적으로 지급하는 '한국형 완전 기본소득 모형'을 제안했습니다. 중위소득이란 모든 가구를 소득 순서대로 줄을 세웠을 때 한가운데에 있는 가구의 소득을 말해요.

중위소득의 30%를 지급하는 제도가 일정 기간 안정적으로 운영되면, 점점 지급률을 높여서 중위소득 50% 이상까지 확대할 수 있다고 합니다. 그러려면 기존 사회보장제도에도 변화가 필요하며, 공공부조와 사회보험, 사회복지 서비스와 기본소득 간의 이상적인 조합을 제시해야 합니다.

물론 이 경우 막대한 예산이 필요하고 다소 혼란이 초래될 수 있습니다. 그래서 한번에 완전한 형태의 기본소득을 도입하기보다 단계를 거쳐 점진적으로 지급 대상과 규모를 확대해 나가며 기본소득 예산을 확보할 시간을 마련하고자 하죠. 초반에는 기초 생활 수급자의 생계 급여를 확대하고, 그다음에는 아동, 노인, 장애인을 위한 각종 수당을 제공한 후 점차 그 대상을 늘려 나가는 식으로요.

그런데 단계적으로 시행하더라도 기본소득은 막대한 돈이 듭니다. 이를 어떻게 충당할지에 대한 의견도 다양합니다. 모든 국민이, 부자가, 혹은 기업이 재원을 부담하는 방법이 있겠죠. 논의가 뜨거워지면서 기본소득 제도를 실시할 경우 예산은 얼마나 필요한지, 필요한 재원을 어떻게 확보할 수 있는지에 대한 연구도 활발하게 진행되고 있습니다.

가령 부족한 재정의 일부를 앞서 살펴봤던 로봇세로 채워야 한다는 제안이 있습니다. 4차 산업혁명에 따라 로봇이 사람들의 일자리를 대체하고 있으니 로봇으로 이익을 보는 주체가 그에 대한 책임을 져야 한다는 것이죠. 이 밖에도 온실가스 배출량에 따라 부과하는 탄소세, 화석연료와 원자력발전을 억제하기 위한 원자력 안전세, 땅 소유자에게 부과하는 토지 보유세, 개인이 창출한 데이터에 부과하는 데이터세 등 다양한 재원 마련 방법이 언급되고 있죠. 많은 연구에서 기본소득이 불가능하다고 일축하기보다 지속적으로 운영할 수 있는 현실적인 정책안을 제시하고 있는데요. 대부분은 기본소득 제도를 실시하기 위해 많든 적든 증세가 필요하다는 입장을 취하고 있습니다.

앞선 김교성 등의 연구에서도 세금을 통해 기본소득 제도를 시행하기 위한 재원을 마련할 것을 제안하고 있어요. 먼저 연구 시점에서 국민이 세금이나 사회보장을 위한 자금을 어느 정도로 부담하고 있는지 파악하고, 한국형 완전 기본소득 모형을 실현하기 위해서 추가적으로 얼마를 더 부담해야 할지 분석합니다.

우리나라의 조세부담률, 즉 국내총생산(GDP)에서 세금이 차지하는 정도는 OECD 회원국의 평균인 25.1%에 비해 낮은 18%에 그치고 있다고 합니다. 국민이 낸 세금과 국민연금, 산재보험, 건강보험 등 사회보장성 기금을 합한 금액이 국내총생산(GDP)에서 차지하는 비율인 국민 부담률 역시 24.6%로, OECD 회원국의 평균인 34.2%와 비교해 보면 훨씬 낮은 수준이라고 해요.

그런데 만일 우리나라의 조세부담률과 국민 부담률을

OECD 평균, 나아가 높은 수준의 복지 제도를 운영하는 국가만큼 끌어올린다면 어떨까요? 기본소득을 도입하는 데 추가적으로 필요한 돈을 확보하는 것이 불가능한 일은 아니라고 합니다. 재정적 실현 가능성 측면에서 잠재력이 충분하다고 평가하죠.[28]

증세에 대한 시선

문제는 국민들이 기본소득을 위한 증세를 받아들일 수 있느냐겠죠. 2020년 전국 만 18세 이상 2,502명을 대상으로 사회보장과 기본소득을 위한 증세에 관한 인식을 조사했습니다.[29] 그 결과 복지 확대와 기본소득 도입을 지지하는 사람은 많았지만 증세가 동반되는 경우에는 반대가 더 많았다고 해요. 또 기본소득을 위한 증세를 한다면 자신들이 아닌 부자나 기업이 세금을 더 내는 것을 선호한다는 결과가 나타났습니다. 어찌 보면 당연한 일입니다. 대부분 자신에게 유리한 혜택은 받고 싶어 하지만 증세까지 감수하려고 하지는 않죠.

그렇다면 소득 대비 세금 비율이 높은 북유럽 국가들의 국민들은 왜 기꺼이 많은 세금을 내는 것일까요? 내가 낸 세금이 공동체와 나를 위해 쓰이리라는 것을 믿기 때문입니다. 또

정부가 세금을 효율적이고 공정하게 사용한다는 것을 믿을 때 국민들은 기꺼이 세금을 내겠죠.

앞선 설문조사에서도 증세에 대한 태도에 영향을 미치는 중요한 요인으로 '정부 신뢰'를 꼽았습니다. 50만 원의 기본소득을 주겠다고 할 때 정부를 불신하는 집단에서는 세금으로 연 35만 8,000원을 추가로 낼 의사가 있다고 했지만, 정부를 신뢰하는 집단에서는 연 77만 9,000원을 추가로 납부하겠다는 결과가 나타났다고 합니다. 정부에 대한 신뢰도에 따라 두 배가량의 차이를 보인 것이죠. 정부가 국민의 신뢰를 얻는 것에 성공한다면 기본소득을 위한 재원을 세금으로 마련하는 것이 불가능하지는 않을 거예요. 그러려면 정부가 효율적이고 투명하게 재정을 운용해야 합니다.

기본소득에 대한 사람들의 생각도 증세 태도에 영향을 미칩니다. 가난은 능력이 없는 개인의 탓이라든가 기본소득이 사람들을 게으르게 만들어 생산이 줄고 경제가 위태로워진다는 등의 믿음은 기본소득을 위한 증세에 반대하게 만들 테니까요.

하지만 앞서 살펴봤듯, 출발선이 다른 사회에서 개인의 노력과 능력만을 기준으로 평가하려는 능력주의가 공정하다는 생각에 동의하기는 어렵습니다. 기본소득 때문에 사람이 게을러진다거나 생산이 줄어든다는 주장의 근거도 충분하지 않죠. 산업혁명 이후 인류의 노동시간은 지속적으로 줄어들었지만 오히려 우리는 온갖 생산물에 둘러싸여 있으니까요. 대형마트부터 작은 편의점까지 물건이 가득합니다. 인류는 유래 없이 풍요로운 시대를 누리고 있어요. 인류가 발전시켜 온 지식과 기술은 추가적인 노동 없이도 충분한 양의 생산을 가능케 했습니다.

그런데 경제는 생산만 한다고 잘 돌아가는 것이 아닙니다. 소비 또한 생산만큼이나 중요한 축이거든요. 기업은 생산한 것을 팔아야 돈을 벌 수 있기 때문에 광고에 열을 올립니다. 국가도 소비 활성화를 위해 노력하죠. 그런데 소비를 하기 위해서는 돈이 필요하니 사람들은 생산에 참여해 돈을 법니다. 생산과정에 자본을 제공한 사람은 이자를, 토지를 제공한 사람은 지대를, 노동을 제공한 사람은 임금의 형태로 그 대가를 받죠. 이를 분배라고 합니다. 그리고 생산의 주체인 기업은 사람들에게 생산물을 팔아 벌어들인 판매 대금으로 분배 활동, 즉 생산에 참여한 주체들에게 대가를 나누어 줍니다. 이렇게 경제는 생산과 분배와 소비가 긴밀히 연결되어 순환하며 유지되는 것입니다.

모든 사람이 자본이나 토지와 같은 자산을 가지고 있는 것은 아닙니다. 그래서 대부분의 사람들은 일자리를 얻어 노

동력을 제공하고 임금을 받아 소비를 해 왔죠. 그런데 4차 산업혁명으로 사람들이 일자리를 잃으면 어떻게 될까요? 정기적으로 받던 월급이 사라지게 되면요? 소비는 줄어들 수밖에 없을 것입니다. 소비의 감소는 생산의 감소로 이어지겠죠. 생산할 능력이 없어서가 아니라 상품을 구입하는 사람이 없으니까요. 이러한 상황이 계속되면 결국 기업은 파산하고 그 기업에서 일하던 사람들은 실업자가 될 거예요. 실업은 다시 소비의 감소로 이어질 테고요.

이미 인류는 유사한 사례를 경험한 적이 있습니다. 바로 미국에서 발생해 전 세계에 영향을 미친 경제 대공황입니다.

1929년 10월, 주가가 폭락하며 미국 경제가 흔들리기 시작했습니다. 경제가 어려워지자 사람들은 소비를 줄였습니다. 물건이 팔리지 않자 공장들은 문을 닫았죠. 일자리를 잃은 수많은 사람이 빈민으로 전락하고 소비는 줄어들며 경제는 수렁으로 빠져들었습니다.

1932년 미국 대선에서 승리한 프랭클린 루스벨트(Franklin Roosevelt) 대통령은 대공황을 해결하려면 소비를 증가시켜야 하고 이를 위해서는 국민소득을 늘릴 수 있도록 일자리를 창출해야 한다고 생각했습니다.[30] 바로 여러분이 잘 알고 있는 뉴딜 정책이죠. 루스벨트는 테네시강에 26개의 댐을 건설하는 등 국토 개발 사업으로 많은 일자리를 만들었습니다. 이때 심은 나무가 약 30억 그루에 달했으며 지금 미국에 있는 국립공원 대부분이 이 시기에 만들어진 것이라 하니 그 규모가 엄청났다는 것을 알 수 있겠죠?

한편 문화 예술인들의 활동에도 정부 지원금을 투입했습니다. 화가는 공공장소에서 그림을 그리고 거리에는 악사들의 연주가 울려 퍼졌죠. 일자리와 소득을 얻은 사람들은 상품을 구매할 능력을 갖추게 되었습니다.[31] 소비의 회복은 기업의 생산 설비를 다시 가동시켰고요. 미국 정부의 적극적인 개입은 대공황을 극복하는 데 긍정적인 영향을 미쳤다는 평가를 받았습니다.

적은 노동력으로도 생산이 가능한 현대사회에서도 소비의 위축이 경제 위기를 불러올 수 있습니다. 소비되지 못한 상품들이 쌓이면 결국 경제 전체가 휘청일 수밖에 없으니까요. 그러니 사람들이 소비를 할 수 있도록 소득 수준을 보장하는 것은 매우 중요한 문제입니다. 하지만 대공황 때처럼 정부가 인위적으로 일자리를 만드는 방법은 효율성이 떨어져요. 인공지능과 로봇의 생산성을 인간이 따라갈 수 없기 때문입니다. 노동으로 소득을 얻기 어려운 미래 사회에 소비를 지속하게 할 수 있는 방법은 무엇일까요? 기본소득이 그 대안이 될 수 있지 않을까요?

실현 가능성을 높여 줄 아이디어

기본소득과 관련해 조금 다른 주장을 하는 사람들도 있습니다. 앞서 기본소득은 조건 없이 지급된다는 무조건성을 특징으로 한다는 점을 살펴보았죠. 그런데 영국 총리실에서 정책 분석가로 일했던 대니얼 서스킨드(Daniel Susskind)는《노동의 시대는 끝났다》에서 기본소득을 받을 자격을 모두에게 부여하는 것이 아니라 조건을 붙여야 한다고 말합니다. 아무 조건 없이 기본소득을 주면 일하는 사람들은 '왜 내가 열심히 번 돈으로 일하지 않는 사람들을 먹여 살려야 하는 거지?' 하며 불만을 갖게 될 거라고요. 공유재산을 기반으로 생산하므로 생산물의 일부를 사회에 되돌려주어야 한다는 생각은 능력주의가 만연한 오늘날 자본주의 사회에서는 좀 생소하니까요.

이제까지 우리는 자신을 포함한 모두가 능력에 따라 맡은 일에 성실하게 임하여 사회를 유지하는 데 도움을 주고 있다고 믿어 왔습니다. 내가 모르는 사람들도 보이지 않는 곳에서 나처럼 열심히 일하며 세상이 잘 돌아가게 하는 데 일조하고 있다고요. 나와 다른 구성원이 한 덩어리로 이어져 있다는 연대감을 느낄 수 있었죠.

그런데 일자리가 사라지고 일을 못 하는 사람들이 그저 공동체의 구성원이라는 이유만으로 기본소득을 받는다면 어떨까요? 여전히 일을 하는 사람들은 일하지 않는 사람 혹은 일하지 않는 사람에게 기본소득을 주는 공동체에 불만을 가질 수도 있습니다. 모두에게 아무 조건 없이 지급되는 기본소득이 먹고사는 문제를 해결해 줄 수는 있겠지만 공동체의 연대를 유지하는 데는 도움이 되지 못할 수 있다는 것이죠. 물론 그런 날이 오면 노동이 아닌 다른 것을 매개로 공동체의 연대가 가능할지도 모를 일이지만요.

그렇기에 대니얼은 기본소득을 받는 구성원이 사회에 기여하도록 기본소득에 조건을 붙여야 한다고 주장합니다. 이전처럼 일터에서의 노동을 통해 사회에 기여할 수는 없겠지만 공동체의 아이들을 사랑으로 돌본다든가, 자신의 재능을 기부한다든가, 공동체의 문제를 해결하기 위해 다양한 아이디어를 제시한다든가 하는 방식으로 제 몫을 하도록요. 이를 '조건적 기본소득'이라고 부릅니다.

영국의 경제학자 앤서니 앳킨슨(Anthony Atkinson)도 비슷한 맥락으로 '참여소득'이라는 것을 제안합니다. 기존에 임금을 받고 하던 노동 이외에 자녀나 노인을 부양하거나 봉사 활동을 하는 등 사회참여를 하는 사람과 장애인, 고령자에게 소득을 지급하는 것이죠.

다만 여기서 서스킨드나 앳킨슨이 말하는 '일'은 많은 것을 포함하고 있습니다. 흔히 임금을 대가로 노동을 제공하는 것을 일이라고 생각하지만 여기서는 사회에 긍정적인 공헌을 하는 모든 활동을 일에 포함시켜 그 대가를 지급하고자 하니까요.

조건적 기본소득과 참여소득은 소득을 얻기 위해 생산과정에 참여하는 것뿐 아니라 공동체를 위한 다양한 일의 가치를 인정하고 그 대가를 지불하자는 것입니다. 그리하여 사람들이 시나 음악, 예술품 등을 만드는 일, 공론장에 참여하여 의견을 나누는 일 등 공동체에 기여하는 모든 일에 임할 수 있도록 합니다.[32]

새로운 시대의 경제에 대비한 안전망

세계에서 가장 잘사는 나라가 어디일까요? 국가별 부를 측정하는 데 GDP라는 지표가 많이 사용됩니다. GDP란 Gross Domestic Product의 약자로, 국내총생산이라고도 불립니다. 일정 기간 한 나라의 영토 안에서 생산된 최종생산물의 시장가치를 모두 더한 값이죠. 최종생산물에는 재화뿐만 아니라 서비스도 포함됩니다. 2021년 GDP가 가장 높은 나라는 미국입니다. 그렇다면 미국 사람들은 다른 나라 사람들보다 훨씬 더 행복하고 삶에 만족하며 살고 있을까요?

미국 대통령 존 F. 케네디(John F. Kennedy)의 동생 로버트 F. 케네디(Robert F. Kennedy)는 이렇게 말했다고 합니다. "우리는 GDP로 모든 것을 측정한다. 삶을 가치 있게 만드는 것만 제외하고." 이 말에서 알 수 있듯 GDP는 삶의 질을 정확히 측정하지 못한다는 한계를 가지고 있어요. 같은 조건이라면 오염된 환경보다 깨끗한 환경이 삶의 질에 긍정적인 영향을 주겠죠?

범죄와 혐오가 만연한 사회보다 그렇지 않은 사회에서의 삶이 더 행복할 테고요.

그런데 GDP에는 이러한 것들이 포함되지 않아요. 오히려 공기가 나빠지면 공기청정기와 마스크, 의료 서비스의 생산이 증가해 GDP가 늘어날 수 있고요. 범죄가 자주 일어나면 방범 서비스의 생산이 증가할 수 있습니다. 2011년 일본은 후쿠시마 대지진으로 약 2만 명의 사람들이 목숨을 잃고 많은 재산 피해가 발생했습니다. 이듬해 일본 경제의 GDP는 약 2% 성장한 것으로 나타났습니다. 피해 복구 과정에서 고용과 소비가 증가했기 때문이죠.[33]

잘산다는 것은 무엇을 의미할까요? 잘산다는 것에는 단순히 높은 GDP뿐 아니라 건강한 삶, 꿈을 실현할 수 있다는 믿음과 노력, 타인에 대한 배려, 사회에 대한 신뢰, 민주적 의사결정 과정에 대한 참여와 존중 등도 포함되어야 하지 않을까요? 사회에 공헌하는 사람들에게 조건적 기본소득을 지급한다면 내 이웃이 일터에서 일을 하지 않더라도 그 대가를 받을 만한 존재임을 인정함과 동시에 우리 사회를 더욱 풍요롭게 만들 수 있지 않을까요? 가난하고 딱해 보여서 주는 것이 아닌 구성원의 권리로서 제공되는 기본소득은 사람들의 존엄성을 지키고 공동체를 단단하게 만들 것입니다.

노벨상을 받은 경제학자 바실리 레온티예프(Wassily Leontief)는 이렇게 말했습니다. "지난 200년 동안 이루어진 기술 진보의 역사는 원칙적으로 인류가 낙원으로 돌아가기 위해 점진적이지만 끊임없이 걸음을 옮긴 낙원 회귀의 역사이기도 합니다. 마침내 그 역사가 이루어져 어느 날 갑자기 낙원을 다시 찾게 된다면 우리한테는 어떤 일이 벌어지게 될까요? 인간의 노동 없이도 재화가 넘쳐나는 낙원에서 인간의 일자리는 찾아보기 힘들 것이므로 재화와 함께 실업자도 넘쳐날 것입니다. 변화한 기술 조건에 걸맞은 소득정책이 만들어지지 않는 한, 우리의 낙원은 재화가 넘쳐나지만 다른 한편으로는 굶주리는 사람들로 넘치는 곳이 될 것입니다."[34]

테슬라의 CEO 일론 머스크(Elon Musk)는 이렇게 말합니다. "대량 실업에 우리는 어떻게 대응해야 할까요? 이는 분명 우리 사회가 넘어서야 할 엄청난 도전입니다. 우리는 결국 기본소득과 같은 제도를 마련해야 할 겁니다. 기본소득 도입은 선택의 여지가 없습니다."[35]

기본소득은 경제를 망치는 원인이 아니라 새로운 시대의 경제에 대비하는 안전망이 될 수 있습니다. 기본소득으로 지급될 돈은 결국 우리 공동체가 마련하게 될 것입니다. 물론 누가 어떤 명목으로 얼마만큼 낼지 결정하기 위해서는 사회적 논의가 필요하겠죠. 그리고 그에 앞서 기본소득 제도의 도입에 대한 합의가 이루어져야 할 것입니다. 변혁의 물결 속에서 우리 사회를 디스토피아가 아니라 더 나은 방향으로 향하게 하는 방법은 무엇일지 논의하며 기본소득을 하나의 대안으로 살펴볼 수 있지 않을까요?

4

사회가 물려주는 유산, 내일을 열다

좋은 사냥터를
공평하게
나누어
가진다면

늑대 부부의 이유 있는 고민

그믐달이 뜰 때면 늘 짙은 안개에 잠기는 레드스톤 숲에는 오래전부터 무리를 이루며 이곳에 자리를 잡은 늑대 부족이 살고 있었습니다.

그중에서도 빛나는 눈동자를 가진 늑대 카이는 사냥 실력이 뛰어나기로 유명했죠. 누구보다 용맹하고 부지런한 데다, 사냥에 나설 때면 항상 건강한 두 아들과 함께했기 때문에 사냥은 늘 성공적이었답니다. 아들들은 어릴 때부터 풍족한 환경에서 자라 발육 상태가 좋고 건강했으며, 카이를 닮아 용맹했어요.

덕분에 갓 태어난 어린 딸과 집에서 딸을 돌보는 아내, 그리고 두 아들을 포함한 카이의 다섯 가족은 음식이 넘쳐나는 식탁 앞에서 즐거운 식사를 하곤 했어요. 부유했던 카이는 좋은 사냥터를 차지했습니다. 염소들이 풀을 뜯으러 오는 언덕이 훤히 내려다보이는 사냥터였죠. 그의 사냥터에는 개울물도 흘러 작은 동물들이 물을 마시러 오는 일이 잦았습니다. 이런 좋은 사냥터까지 차지하고 있으니 카이는 사냥에 실패할 일이 없었죠.

카이의 이웃인 잿빛 늑대 덴바는 가족들을 먹여 살리기 위해 늘 최선을 다했습니다. 그러나 어린 두 아이가 있었고, 사냥을 함께하곤 하던 아버지도 시간이 갈수록 기력이 약해져 덴바의 아내도 남편의 사냥에 자주 따라나서야 했습니다. 엄마까지 사냥에 간 날이면 어린 두 아들은 동굴에 남겨졌습니다. 이런 날이 잦아지면서 덴바의 아이들은 교육을 받지 못한 탓에 바람을 읽는 법, 맹수를 만났을 때 달아나는 법, 사냥하는 법 등을 알 수 없었습니다.

덴바는 아이들이 훌륭한 사냥꾼이 되지 못할까 봐 마음을 졸였습니다. 언제나 근심이 많아 사냥에 집중하기 어려웠던 가난한 덴바는 자연스럽게 좋은 사냥터에서 밀려났습니다. 어쩌다 길을 잃은 동물들이 나타나기도 했지만, 다섯 식구가 먹고 살기에는 빠듯했습니다.

늦은 밤 사냥에 실패하고 집으로 터덜터덜 발걸음을 옮기던 덴바의 아내 무야는 이렇게 하소연했습니다.

"여보, 우리도 좋은 사냥터에서 사냥할 수 있다면 얼마나 좋을까요? 하루 종일 사냥터에서 몸을 숨기고 기다려도 길 잃은 다람쥐 한 마리 보기 힘들다니! 염소를 잡은 게 언제인지 기억나지 않을 지경이에요."

덴바는 한숨을 내쉬며 말했습니다.

"그러게 말이에요. 염소 잡는 법을 다 잊어버린 것 같아요. 이제는 염소를 만나도 잡을 수 있을지 장담하지 못하겠어요. 좋은 사냥터에서 사냥을 할 수 있다면 사냥감이 거의 다 집으로 돌아가 버린 이런 늦은 시간까지 괜히 고생할 필요는 없을 텐데. 당신이 아이들을 두고 이렇게 따라나서야 하는 날도 줄일 수 있을 테고요. 좋은 사냥터를 나누어 가지는 그런 날이 온다면 얼마나 좋을까요?"

덴바와 무야는 이내 고개를 떨구고, 다시 집을 향해 걷기 시작했습니다. 덴바 부부는 사냥터가 못내 아쉬웠습니다. 가난하니 좋은 사냥터를 차지할 수 없었고, 좋은 사냥터가 없으니 더 가난해졌으니까요. 이들은 자신들에게도 좋은 사냥터가 있다면, 모두에게 좋은 사냥터를 공평하게 나누어 준다면 상황은 지금보다 훨씬 나아지지 않을까 생각하며 계속 걸었습니다.

"여보, 좀 더 힘을 내어 걸읍시다. 염소들이 깨어나기 전에 얼른 다시 사냥 나갈 채비를 해야 할 테니."

레드스톤 숲의 잿빛 늑대 덴바와 그의 아내 무야는 생각했습니다. 좋은 사냥터를 공평하게 나누어 가지면 조금은 달라지지 않을까 하고 말입니다. 열악한 사냥터에서는 사냥감을 만날 일도 적으니까요. 사냥감을 만나지 못하니 사냥 실력도 점점 줄어들었죠. 가난으로 인해 늘 근심이 많던 덴바는 어쩌다 만난 사냥감도 놓치곤 했습니다.

덴바의 어린 두 아들은 덴바의 걱정대로 좋은 사냥꾼이 되지 못할 가능성이 높습니다. 잘 먹지 못해 성장이 더뎠고, 교육받지 못해 사냥감을 만나면 당황하기 일쑤일 테니까요. 덴바와 무야는 어떻게 이 상황을 벗어나야 하는지 막막했을 겁니다. 좋은 사냥터를 공평하게 나누어 갖는다면 달라질 수 있을 거라는 막연한 희망을 갖는 것 외에는 말이죠.

인근의 어느 숲에서는 모든 늑대가 사냥한 먹이의 상당량을 창고에 모아 두었다가 모두 똑같이 나누어 갖자고 주장하는 늑대들도 있었다고 합니다. 기본소득론의 해법과 비슷하죠. 덴바와 무야는 그렇게 되기만 한다면야 좋겠지만 어쩐지 내키지 않습니다. 그리고 다시 생각해 봅니다. 좋은 사냥터를 공평하게 나누어 가지는 방법은 없을까 하고요.

왜 아직 지구상에 기본소득 국가가 등장하지 않았을까?

덴바와 무야는 기본소득론과 비슷한 주장을 펼친 늑대들의 이야기가 왜 내키지 않았을까요? 기본소득이 실현되기 위해서는 정기적으로 소득을 만들어 낼 수 있는 상당량의 자산이 국가의 것이어야 합니다. 그래야 모든 국민에게 정기적으로 매달 일정액의 돈을 꼬박꼬박 줄 수 있으니까요. 앞서 알래스카에서 기본소득을 실현하고 있다고 이야기했었죠? 이것이 가능한 것은 주정부가 유전(油田) 채굴권을 소유하고 있기 때문입니다. 정부가 석유를 채굴해서 얻은 수익을 국민들에게 배당하는 것이죠.

기본소득과 비슷한 것이 역사에서 또 한 번 등장했던 때가 있는데 바로 고대 아테네입니다. 아테네에서는 어떻게 그 돈을 마련했을까요? 전쟁입니다. 전쟁을 통해 다른 나라의 것을 빼앗아 국민들에게 나누어 주었던 것이죠. 기본소득이 현실 세계에서 특히 한국에서 실현되기 어려운 가장 큰 이유가 여기에 있습니다.

만약 전쟁도 할 수 없고 유전이 있는 것도 아니라면 기본소득을 실현하기 위해 막대한 양의 세금을 걷어야 합니다. 조세 저항이라는 말을 들어 보았나요? 세금 내는 것을 거부하는 경향을 뜻하는 말로, 모든 세금에는 저항이 따릅니다. 세금 내는 걸 좋아할 사람은 없을 테니까요.

그렇다면 막대한 세금을 지속적으로 걷어야 가능한 기본소득 제도가 심각한 조세 저항을 넘어 사회적 합의에 이를 수 있을까요? 특히 자신이 받게 되는 기본소득보다 훨씬 더 많은 세금을 내야 하는 부자들의 경우 수용하기 상당히 어려울 거예요. 제도가 성공하기 위해서는 부자들이 절대적으로 많은 세금을 내야 할 텐데 말이에요.

또한 기본소득을 지급하려면 증세, 즉 세금을 더 걷는 것만으로는 부족합니다. 기존에 세금으로 운영되던 사회복지 시스템의 변화를 필요로 하죠. 그래서 혹시 사회복지가 축소되지는 않을까 우려하는 것도 사실입니다. 오래전부터 기본소득의 실현을 주요 정책 과제로 삼아 왔던 녹색당도 2016년에 모든 국민에게 40만 원씩 기본소득을 주자고 제안하면서 재원 마련을 위해 기초연금, 양육수당 등 기본소득과 유사한 예산들을 다 통합해서 지급하는 방식을 내놓았습니다. 일종의 환경세인 '생태세'를 신설하는 등 세금을 더 확보할 수 있도록 조세제도를 개혁하고, 예산 낭비로 판단되는 기존 정책을 폐기하고 그 예산을 기본소득 쪽으로 돌려야 가능한 설계였죠. 이 모든 조건이 충족되면 총 237조의 재원이 마련되어 전 국민에게 월 40만 원씩 기본소득을 지급할 수 있다는 것입니다.

그런데 녹색당의 제안이 실현된다면 기존의 사회복지 시스템에서 지원을 받고 있는 저소득층의 사정은 나아질까요? 한편으로는 새로 받게 될 월 40만 원의 기본소득이 기존에 받고 있던 다양한 지원들을 대체하지는 않을지 걱정되기도 합니다.

2022년 한국의 전체 예산은 607조 원입니다. 모든 국민에게 월 40만 원씩 지급하기 위해서는 국가 예산의 3분의 1이 넘는 237조 원의 예산이 필요합니다. 엄청난 규모의 제도적 변화와 그보다 더 큰 수준의 사회적 합의가 뒷받침되어야 가능한 제도라는 걸 쉽게 짐작할 수 있죠. 기본소득론이 문제 삼는 우리 사회의 불평등과 지향하는 복지의 미래가 잘못되었다는 것은 아닙니다. 그러나 기본소득의 한계에 대한 우려의 목소리를 그냥 지나칠 수는 없습니다. 그렇다면 기본소득과는 다른 방식으로 접근해 볼 수는 없을까요?

어느 날 나에게 1억 원이 생겼다

목돈이 가져올 새로운 세상

영화 〈미스터 디즈〉의 주인공 디즈는 시골에서 작은 피자 가게를 운영하며 살아가고 있습니다. 그러던 어느 날 에베레스트산에서 급작스레 사망한 억만장자 삼촌으로부터 400억 달러(한화로 약 45조 원)의 유산을 물려받게 되죠. 과연 디즈에게는 어떤 삶이 펼쳐졌을까요? 물려받은 으리으리한 저택의 음수대에

영화 <미스터 디즈>, 감독 스티븐 브릴, 2002

하루아침에 억만장자가 된 디즈에게 집사가 양말을 신겨 주고 있다.

서는 음료수가 흘러나오고, 전용 헬기와 리무진을 타고 이동하는 등 그야말로 호화로운 일상을 누리게 되죠.

그야말로 영화 같은 이야기죠? 누군가는 부모님으로부터 그 이상의 자산을 상속받을 수도 있겠지만, 대다수의 청년들은 월급의 3분의 2를 꼬박꼬박 모은다고 할 때 1억 원을 모으는 데도 무려 10년이 걸리니까요. 그런데 만약 스무 살이 되는 순간 45조 원은 아니더라도 1억 원이 생긴다면 어떨까요? 1억 원으로 여러분은 이후의 삶을 어떻게 설계하겠습니까? 상상할 수 없다고요?

50년 전만 하더라도 여성의 대학 진학률은 낮았습니다. 여성이 공부해야 한다고 생각하는 사람은 많지 않았죠. 여성도 남성과 똑같이 공부하고 직업을 가질 수 있는 세상은 영원히 오지 않을 것만 같았습니다. 그러나 지금은 아무도 그렇게 생각하지 않습니다. 여성도 남성과 똑같이 대학에 가고, 직업을 갖고, 국회의원도 되고, 대통령도 되는 세상입니다. 사회에 첫발을 내딛는 청년기의 시작점에서 누구에게나 무언가를 시도할 수 있는 일정액의 목돈이 주어진다면 어떤 세상이 될까요?

이 일정액의 목돈을 기본자산이라고 부를 수 있습니다. 경제학에서 소득이란 개인에게 들어오는 모든 수입을 의미합니다. 이 소득이 바로 지출되지 않고 은행에 예치되거나 부동산 등의 형태로 남아 있다면 그것을 자산이라고 부르죠. 매월 일정액의 소득을 지급하는 것이 아니라, 성인이 되어 사회에 첫발을 내딛는 시점에 목돈을 주는 방식을 기본자산제(기초자본제)라고 합니다.

여기서는 유토피아로 가는 새로운 길로 기본자산제를 제안할까 합니다. 일정 시점에 목돈을 받는 것이 매월 일정액의 소득을 지급받는 것과 정말 큰 차이가 있을까요? 얼핏 비슷해 보이는 이 둘은 상당히 큰 차이가 있습니다. 기본소득은 사회 구성원에게 소비할 수 있는 힘을 주는 반면, 기본자산은 인생을 설계하고 도전할 수 있는 가능성을 확장해 주기 때문입니다.

자, 성인이 된 여러분에게 매월 40만 원이 주어진다면 어디에 사용할 건가요? 친구들과 영화를 볼 수도 있겠고 생필품을 사는 데 돈을 보태거나 가벼운 나들이를 할 수도 있을 겁니다.

기본소득은 노동소득이 불안정해진 사회에서 이렇게 일상적인 소비를 할 수 있는 일정한 능력을 보장해 줍니다. 그러나 기본자산제의 목표는 조금 다른 곳에 있습니다. 사회 구성원들에게 인생의 출발선상에서 최소한의 평등을 누릴 수 있도록 함으로써 미래를 설계할 기회를 공평하게 제공하고자 하는 것입니다. 매월 주어지는 40만 원은 일정한 경제적 안정을 가져다줄 수는 있지만 그 돈으로 인생을 설계하고 새로운 일에 도전하기는 어렵습니다.

그러나 만약 만 19세가 된 여러분에게 5,000만 원에서 1억 원 정도의 목돈이 주어진다면 어떨까요? 학자금 대출 걱정을 하지 않고 대학원 진학을 계획할 수도 있을 테고, 누군가는 작은 원룸을 얻어 새로운 곳에 정착할 수도 있겠죠. 세계 여러 나라를 여행하며 다양한 경험을 쌓을 수도 있고 친구 몇몇과 그

돈을 모아 사업을 시작해 볼 수도 있을 것입니다. 기본자산은 이처럼 인생을 스스로 설계하고 새로운 일에 도전하고 성공하거나 실패할 수 있는 기회를 평등하게 제공합니다. 그럼 기본자산제가 어떻게 가능한지 구체적인 사례를 통해 살펴볼까요?

성인인 된 그대에게 8만 달러의 사회적 지분을!

기본자산제 하면 가장 먼저 언급되는 인물은 앞선 3부에서도 등장했던 토마스 페인입니다. 그는 국가 기금을 만들어 21세에 이른 모든 이에게 15파운드씩 나누어 줄 것을 제안하면서, 기금에 필요한 재정은 상속세로 충당하고 과세는 사람들이 받아들이기 가장 쉬운 때, 즉 한 사람이 사망해서 그의 재산이 다른 사람의 소유로 넘어가는 시점에 시행하는 것으로 설계했습니다.[1]

그의 뒤를 이어 여러 학자가 비슷한 구상을 펼쳐나갔고, 1999년 예일 대학 로스쿨 교수 브루스 애커먼(Bruce Ackerman)과 앤 알스톳(Anne Alstott)은 일명 '사회적 지분 급여 모델'을 완성하게 됩니다. 사회적 지분 급여 모델은 다양한 기본자산 모델 중 가장 큰 금액을 기본자산으로 설정한 기본자산제의 대표 이론입니다.

애커먼과 알스톳은 사회적 지분 급여 모델을 다음과 같이 설계했습니다.

사회적 지분 급여 모델

- 대상: 21세의 모든 자유로운 시민
- 요건: 고등학교 졸업, 범죄 경력 없음
- 혜택: 총 8만 달러의 사회적 지분

당시 8만 달러는 우리 돈으로 얼마일까요? 현재의 환율로 계산하면 약 9,500만 원인데, 이 제안을 했던 1999년에 미국의 GDP가 9.66조 달러였고 2022년 기준 약 25조 달러이니 현재 가치로 단순 환산을 하면 약 2억 5,000만 원 정도를 지급하자고 했던 것이네요. 이렇게 계산해 놓고 보니 정말 놀라운 금액이죠? 21세가 되면 이 정도의 돈을 스스로 관리할 수 있다고 본 것입니다.

기본자산의 가장 중요한 조건이 바로 '무조건 누구에게나'인데, 애커먼과 알스톳은 '의미 있는 선택을 할 수 있는 능력'이라는 조건을 하나 내걸었습니다. 그럼 의미가 퇴색되는 거 아니냐고요?

이들이 내건 조건은 '고등학교를 졸업할 것'과 '범죄기록이 없을 것' 두 가지입니다. 기본자산제의 의미를 훼손한다기보다 무상으로 지급받은 사회적 지분을 성실하고 책임감 있게 사용할 수 있는 최소한의 요건이라고 보는 것이 더 적절하겠습니다.

자, 그럼 이 설계를 뒷받침할 막대한 자금을 어떻게 마련할까요? 애커먼과 알스톳은 23만 달러를 초과하는 자산을 보유한 사람들에게 2%의 부유세를 부과하는 것으로 재원을 마련할 수 있다고 말합니다. 부유세란 부유한 사람의 재산에 매기는 세금을 말해요.

이렇다면 국민의 80%는 부유세 납세 대상에 해당하지 않습니다. 미국은 경제적 불평등이 매우 심한 나라 중 하나이고, 미국에서 가장 부유한 1%의 국민이 가장 가난한 50%의 국민보다 더 많은 자산을 가지고 있습니다. 이런 심각한 불평등 상황에서 국가의 부 대부분을 차지하고 있는 소득 상위 20%의 국민에게만 부유세를 부과하겠다는 계획은 나름의 설득력을 가집니다.

'사회적 지분'이란 모든 사회 구성원에게는 태어날 때부터 자신이 속한 사회의 총자산에 대해 일정한 권리(지분)가 있다는 것을 전제하는 개념입니다. 모두에게 당연한 권리로서 주어지는 사회적 지분에는 모든 시민이 실질적 자유를 누릴 수 있도록 최소한의 자원을 공평하게 제공해야 한다는 생각이 담겨 있어요. '억압이나 간섭으로부터 벗어난다는 소극적 의미의 자유'를 넘어 '하고자 하는 것을 할 수 있는 실질적인 자유'를 모두에게 공평하게 보장하는 것입니다.

정의당이 2017년 대선 공약으로 내걸고 2018년에 발의했던 '청년사회상속법'도 사회적 지분 급여 모델과 유사한 정책입니다. 이 법안은 국가가 20세에 이른 모든 청년에게 1,000만 원의 기초자산을 주자는 내용을 담고 있는데 통과되지는 못했죠. 그러나 기본자산제에 대한 관심은 여러 정치인과 학자들을 통해 지금도 계속되고 있습니다.

영국 노동당, 기본자산제를 시도하다

영국의 노동당은 애커먼과 알스톳이 제시한 사회적 지분 급여 모델에 큰 관심을 가지고 있었습니다. 그리고 이와 유사한 형태의 정책을 2005년에 도입했는데 바로 '아동신탁기금' 입니다. 아동신탁기금은 정부와 부모가 함께 아이의 계좌에 일정 금액을 적립함으로써 형성되는 기금입니다. 아이는 18세가 되면 사용처와 관계없이 자유롭게 돈을 인출해 사용할 수 있죠.[2] 다만 국가가 부모와 아동에게 재정 교육을 실시해야 합니다.

이 정책의 가장 놀라운 점은 제도를 실행하는 데 든 돈이 영국 교육재정의 0.5%도 안 되었다는 사실입니다. 게다가 출생 시에 적립해 18년 동안 다양한 투자를 거치면서 자금이 스스로 불어나기 때문에 초기 투자가 적어 정치적으로도 부담이 적은 방식이었습니다. 영국 빈곤층 부모들은 이 제도를 크게 환영했습니다.

정책의 효과는 어땠을까요? 2005년부터 실시했으니 첫해에 계좌를 개설한 아이들은 2023년 기준 만 18세가 되었네요. 기금을 수령할 나이가 된 것입니다. 그런데 안타깝게도 이 기금은 2011년에 폐지되고 말았습니다. 선거에 패배한 노동당이 보수당에 정권을 넘겨줘야 했기 때문입니다.

보수당은 정부 부채를 줄이고 복지 제도를 개혁하겠다며 기금을 없애버렸습니다. 결과적으로 정부 부채는 줄지 않고 복지 제도만 축소되었지만요. 만약 아동신탁기금이 성공한다면 노동당은 엄청난 지지를 얻게 될 텐데 이것이 보수당에는 아주 큰 악재이기에 보수당 입장에서는 기금을 유지할 이유가 없었을 것입니다.

어쨌거나 우리로서는 무척 아쉽게 되었습니다. 제도가 계속 유지되었더라면 지금 세계는 18년에 걸친 기본자산제 실험의 결과를 살펴볼 수 있을 텐데 말입니다. 성공이든 실패든 실험 결과 그 자체로 인류에게 큰 자산이 되었을 것입니다. 비록 정책의 효과를 확인하지는 못했지만 아동신탁기금은 실현 가능한 기본자산제 모델을 보여 주었다는 점에서 큰 의미가 있습니다.

기본자산이 궁금해

실은 아주 오래된 아이디어

기본자산의 개념이 학문적으로 정립되고 체계를 갖추기 시작한 것은 비교적 최근입니다. 그런데 김종철 교수는 기본자산의 아이디어가 아주 오래전, 고대 그리스에서 등장했다고 주장합니다.[3] 기본자산제의 핵심 개념이 피어나던 당시를 잠시 살펴볼까요?

고대 그리스의 철학자 플라톤을 알고 있나요? 어느 날 플라톤은 이런 생각을 했습니다. '완전히 새로운 땅에 사람들이 이주해서 새로운 사회를 건설한다면, 좋은 사회를 만들기 위해 무엇을 해야 할까?' 그리고 그에 대한 답을《법률》이라는 책에 담았습니다.

먼저, 사람들 사이에 적대감이 생기지 않도록 올바른 분배 방법을 찾아야 했습니다. 플라톤은 땅과 집을 모든 시민에게 똑같이 배분할 것을 제안합니다. 도심에 집 한 채, 시골에 집 한 채 이렇게 두 채의 집을 모두 똑같이 나누어 갖습니다. 도심의 땅과 시골 땅 역시 같은 방식으로 나눕니다. 그리고 그것을 개인의 소유가 아니라 나라의 공유물로 여겨야 한다고 주장합니다.

플라톤은 이렇게 나누어 가진 토지를 추첨이라는 뜻의 그리스어 '클레로스(klēros)'라고 불렀습니다. 토지를 분배받은 사람은 그 토지를 사용하고 물려줄 수도 있지만, 사고팔 수는 없습니다. 모두가 토지를 공평하게 분배받고, 그렇게 분배받은 토지의 비율이 일정하게 유지될 수 있도록 말이죠. 플라톤의 클레로스를 오늘날 기본자산이라고 부를 수 있을 거예요.

플라톤이 이상적인 사회를 만들기 위해 가장 경계한 것은 바로 불평등이었습니다.

> 가난의 한도는 추첨에 의한 할당 토지의 값이게 하죠. 이 한도는 유지되어야만 하며 (생략) 그 누구의 경우에도 이 한도보다 더 적게 되는 걸 간과하게 되어서는 안 될 것입니다. 입법자는 이를 척도로 정하고서, 이의 두 배와 세 배 그리고 네 배까지는 획득하는 걸 허용할 것입니다.[4]

플라톤은 극심한 가난도 막대한 부도 허용해서는 안 된다고 주장했습니다. 클레로스를 통해 가난과 부의 한계를 통제해야 한다고 본 것이죠. 플라톤에게 클레로스는 각 가정이 주체적으로 자신의 삶을 영위할 수 있는 가장 기초적인 토대였으며, 부의 평등한 재분배는 공동체를 유지하기 위한 가장 중요한 약속 같은 것이었죠. 분배받은 클레로스의 네 배 이상의 토지를 축적하는 불평등이 나타나면 구성원들 간에 불화가 생기고 결국 공동체가 무너질 것이라고 보았습니다.

플라톤이 제시한 클레로스 이론의 놀라운 점은 고대 그리스 도시국가 대부분에서 시행되었다는 사실입니다. 모두가 공평하게 토지를 소유했기 때문에 기본적으로 모두가 평등했습니다. 그래서 국가의 중대한 문제는 클레로스를 소유한 전체 자유민이 민회에 참여해 결정했죠. 이 제도는 그리스 민주정치의 기초가 됩니다. 기본자산은 민주주의의 가장 오랜 친구인

셈이죠.

우리나라에서도 기본자산제 아이디어는 오래전에 등장했습니다. 통일신라 성덕왕 21년(722)에 실시된 정전제(丁田制)가 그 시작이라고 할 수 있습니다. 쉽게 말해서 정전제란 생산 활동을 할 수 있는 20~59세 남성에게 평등하게 토지를 분배하고, 수확물 일부를 세금으로 낸 뒤 나머지는 본인이 갖도록 하는 제도입니다. 60세가 되면 다시 토지를 국가에 반납해야 했죠. 그러면 그 토지는 다시 20세가 된 다른 장정에게 분배되었습니다.

훗날 조선 건국의 최대 공신이자 왕조의 설계자로 불리는 정도전은 고려 말 부패 정치를 비판하며 정전제의 도입을 시도했습니다. 물론 지배층의 저항으로 실패했지만요. 조선 말 부패해 가는 사회를 개혁하기 위해 정약용 등 많은 실학자 역시 정전제의 도입을 주장했습니다.

중국의 철학자 맹자가 언급했던 정전제(井田制)도 있습니다. 장정을 의미하는 정(丁) 자 대신 우물 정(井) 자를 사용하죠. 땅을 우물 정 자 모양으로 9등분한 뒤 가운데 부분을 제외한 나머지 땅을 8명에게 나누어 주고, 가운데 부분은 8명이 공동 경작하여 세금으로 납부하는 방식입니다. 이 제도는 고대 중국 주나라에서 실시되었다고 전합니다. 맹자는 중국 역사상 가장 혼란했던 시기를 살았습니다. 수많은 국가가 난립하여 전쟁을 일으켰고, 백성들은 죽음의 공포와 극심한 굶주림에 시달렸습니다. 윤리보다는 살아남는 것이 더 중요한 과제가 되었습니다.

맹자는 이 시기에 고대 주나라의 정전제를 다시 가져와서 나라의 평화와 안정을 되찾고자 했습니다. 그는 생산자인 농민이 토지를 항상 가지고 있어야 한다고 여기며 이를 항산(恒産, 일정한 생업)이라 불렀습니다. 백성에게 항산이 있어야 정의를 좇는 항심(恒心, 일정한 마음)이 생긴다고 강조했어요.

> 일반 백성으로 말하면 일정한 생업이 없으면 일정한 마음이 없어집니다. 만일 일정한 마음이 없어진다면 방탕하고 편벽되며 사악하고 사치스럽지 않은 것이 없을 것이니, (이들이) 죄에 빠지고 난 뒤에 좇아가 이들을 벌한다면 이는 백성을 그물질하는 격입니다.[5]

배고픔에 지치면 누구나 남의 것을 탐할 수 있고, 멀리 있는 정의가 아니라 당장 눈앞에 놓인 이익을 좇게 된다는 것이죠. 기본자산의 다른 이름이라고 할 수 있는 항산은 그래서 사회질서를 유지하고 정의로운 사회를 만드는 데 기본이 되는 것입니다.

전부 탕진해 버리면 어쩌지?

만 19세가 된 어느 날 갑자기 통장에 들어온 1억 원. 옛날부터 로토에 당첨되면 무엇을 할까 꿈꾸는 것만으로도 행복했던 청년은 그중 1,000만 원으로 로토 복권을 사기로 합니다. 이런 날을 상상하며 운전면허를 땄던 것을 떠올리고는 5,000만 원 하는 자동차도 샀죠. 주식 투자를 해서 돈을 많이 벌었다는 어느 투자자의 인터뷰 기사를 보고 나머지 돈은 전부 주식에 투자했습니다. 벌써 부자가 된 것 같습니다.

그러나 로토에 맞을 확률은 벼락 맞을 확률보다 낮다는 800만분의 1입니다. 1만 장을 샀으니 0.125%로 확률이 높아졌지만, 과연 당첨이 될까요? 아무런 지식이나 정보 없이 투자했던 주식은 휴지 조각이 될 수도 있습니다. 또 자동차는 샀지만 휘발유 값이 올라서 차고에 세워두기 일쑤입니다.

어떤 사람들은 기본자산제를 두고 '이제 갓 성년이 된 사람들에게 기본자산(목돈)을 한번에 주는 것은 너무 위험하다'고 말합니다. 그렇습니다. 어떤 청년은 그것을 게임이나 유흥을 즐기는 데 써 버릴 수도 있고, 순식간에 자산을 몇 배로 늘리고 싶어 도박으로 탕진하거나 위험성이 높은 곳에 투자할 수도 있겠죠.

그럼 이렇게 한번 생각해 보겠습니다. '나'에게 1억 원이 주어진다면 뭘 할까? 여러분은 인생은 어차피 한 번뿐이니 전부를 도박에 걸 건가요? 아니면 갖고 싶었던 명품을 사는 데 그 돈을 다 쓸 건가요? 그렇다고 대답하는 사람은 별로 없을 거예요. 대체로 미래를 위해 어떻게 이 돈을 사용할 것인지 차분히 계획할 겁니다. 사람들은 '나는 그렇지 않지만 다른 사람들은 그럴 것'이라고 생각하는 경향이 있습니다. 이런 오류에 기반한 생각으로 기본자산제를 반대하기도 합니다.

물론 세상에는 다양한 사람이 존재하니 기본자산을 한순간에 탕진하는 사람도 있을 테죠. 그러나 자신이 가진 돈을 일시에 탕진할 가능성은 지금도 존재하는 것 아닐까요? 그럼에도 보유한 자산을 한꺼번에 써 버리는 사람보다 그렇지 않은 사람이 많죠. 개인에게 앞으로 삶을 계획할 수 있는 돈이 주어질 때 그 돈을 함부로 사용할 거라는 의구심을 기본자산에만 적용하는 것은 편파적입니다.

또 어떤 사람들은 성실한 청년이라 도박이나 유흥에 돈을 쓰지는 않는다고 하더라도 경험이 많지 않다는 점을 문제 삼기도 합니다. 준비되지 않은 상태에서 창업을 해 기본자산을 다 날릴 수도 있다고요. 그러면 금세 기본자산이 없는 불평등한 상태로 다시 돌아갈 거라고 걱정합니다.

이 말에 공감이 가기도 합니다. 그러나 보통의 젊은 사람들을 스스로 결정하거나 행동할 수 없는 사람, 무언가 부족한 존재로 바라보는 태도를 전제하는 말이죠. 이뿐만 아니라 목돈을 한번에 주었을 때 제대로 사용할 수 없을 테니 기본소득의 형태로 매달 조금씩 꾸준히 주는 것이 더 안전하다고 말하기도 합니다. 또 기본자산제를 실시하더라도 지급한 기본자산의 사용처를 건전성과 안전성이 보장되는 몇 군데로 한정해야 한다는 주장을 펼치기도 합니다.

하지만 기본자산은 모든 국민이 독립적인 인격체로 자신의 인생을 스스로 설계하고 실행해 나갈 수 있는 기회를 제공합니다. 스스로 설계하고 실행하고 실패할 수 있는 기회까지도 보장하는 것이죠. 청년기에 겪는 실패의 경험은 실패로 끝나는 것이 아니라 다른 도전을 할 수 있는 자산이 되기 때문입니다.

더 나은 내일을 향해

천재 시인 단테의 《신곡》에는 지옥문이 등장하는 장면이 나옵니다. 단테가 길잡이 베르길리우스와 함께 지옥으로 가는 문 앞에 도착하죠. 문 앞에는 무시무시한 글귀가 적혀 있는데, 그 마지막 문장이 바로 "여기 들어오는 너희는 모든 희망을 버릴지어다."입니다. 단테는 지옥을 이렇게 설명했습니다. 희망이 전혀 없는 곳이 바로 지옥인 것입니다.

N포세대라는 말을 들어본 적 있나요? 먹고살기 위해 연애와 결혼, 출산을 포기한 3포세대에서 취업과 내 집 마련도 포기한 5포세대를 거쳐 인간관계와 미래에 대한 희망까지 버린 7포세대를 지나 무한 포기 세대, N포세대에 이른 것입니다.

2023 대한민국 채용박람회

청년 구직자들이 자동차 회사의 채용 설명회에 참여하고 있다.

평범한 노력으로는 다다를 수 없을 정도로 오른 집값, 높은 교육비, 낮은 임금과 높은 실업률, 불충분한 사회 안전망과 복지 사각지대. 젊은 세대는 살아남기 위해 무한경쟁의 늪에서 발버둥치고 있습니다.

이런 사회에서 희망을 가지고 미래를 계획할 수 있는 소수는 바로 부모를 잘 만난 사람들입니다. 부모를 잘 만나 많은 재산을 물려받을 수 있는 사람은 먹고살기 위한 걱정에서 조금 더 자유롭습니다. 그래서 삶의 중요한 가치들을 장기적 관점에서 실현할 기회를 갖게 됩니다. 2022년 세계불평등연구소의 보고서에 따르면 자산의 불평등 정도가 소득의 불평등보다 몇 배 심각한 것으로 나타났습니다. 2021년에 가난한 50%와 가장 부유한 1%의 소득 점유율은 각각 8%, 19%였고, 자산 소유 비율은 무려 2%, 38%입니다. 가난한 50%의 사람들이 가진 총자산의 19배에 달하는 자산을 단 1%의 사람들이 소유하고 있는 것입니다.

물려받은 자산이 많은 사람은 노력하지 않아도 먹고살 수 있습니다. 더 안타까운 사실은 불평등이 부모로부터 재산을 물려받는 시점이 아니라 아주 어린 시절부터 누적된다는 점입니다. 부모를 잘 만난 아이들은 좋은 환경에서 긍정적인 자아상과 안정된 정서를 갖게 되고, 더 좋은 교육을 받으며 돈으로 환산할 수 없는 문화적 자산을 이미 상속받고 있는 것이죠.

소수에게만 기회가 주어지는 사회, 청년 대다수가 무한 포기를 경험해야 하는 사회. 이런 사회는 저절로 등장한 것이 아닙니다. 우리가 선택한 제도와 정책이 만들어 낸 것입니다. 그렇다면 우리는 분명히 다른 선택을 할 수 있습니다. 오로지 부모가 자기 자식에게만 자산을 상속함으로써 불평등을 끊임없이 재생산하도록 둘 것이 아니라, 사회가 모든 구성원에게 인생의 출발점에서 최소한의 기회를 평등하게 상속하도록 하는 것입니다. 이것이 바로 기본자산제가 발 딛고 있는 사회적 상속의 개념입니다.

사회적 상속이란 재산을 완전한 개인의 소유물이 아니라 사회 공동의 것으로 보는 개념입니다. 어떤 사람이 형성한 재산의 소유권을 그가 살아 있는 동안 인정하되, 죽은 뒤에는 그것을 사회에 환원해야 한다는 것이죠. 좀 억울하다는 생각이 드나요? 내가 열심히 일해서 번 돈인데, 자식에게 모두 물려줘야 마땅하다고 생각할 수 있습니다. 그러나 우리는 다시 돌아보아야 합니다. 과연 내가 이룬 것이 오로지 나만의 능력과 노력으로 이루어진 것인지에 대해서 말이에요.

나는 춤도 잘 추고 노래도 아주 잘합니다. 그래서 최고의 아이돌 가수가 되었습니다. 타고난 재능도 있었지만, 아름다운 노래와 춤을 선보이기 위해 하루하루 열심히 노력했습니다. 유명세와 더불어 돈도 많이 벌었습니다. 그런데 만약 내가 조선시대에 태어났다면, 이 재주를 가지고 광대가 되었을 거예요. 실력이 좋으니 유명한 광대가 되어 왕이 개최한 연회에서 노래하고 춤을 출 수 있겠지만 미천한 신분인 것은 매한가지입니다. 통일신라 시대에 태어났다면 '재주가 있는 사람'이라는 뜻의 재인(才人)이라고 불렸을 테고요. 여기저기 떠돌면서 공연을 하고 때로는 가축을 잡는 일을 하며 밥을 얻어먹어야 했겠죠.

나의 재능은 이 사회가 그것을 충분히 존중해 줄 만한 시스템과 문화를 가지고 있어야 빛을 발할 수 있습니다. 내가 혼자 이룬 것처럼 보일지 모르지만 내가 이룬 모든 것은 이미 내가 속한 사회의 문화와 제도 등에 혜택을 입은 결과입니다. 열심히 노력해 이뤄낸 것은 존중받아 마땅하지만 그렇게 얻은 모든 혜택이 오로지 한 개인의 노력 덕분이라고 생각해서는 안 되는 이유가 여기에 있습니다. 사회적 상속은 이런 생각에서 출발합니다.

만약 노력한 만큼 얻는 것이 공평하다고 누군가 말한다면, 개인적 상속만큼 불공평한 것이 없을 거예요. 누군가가 부모를 잘 만나기 위해 열심히 노력했다는 말을 들어본 적 있나요? 열심히 노력하면 재벌 집 막내아들로 태어날 수 있을까요? 그것은 순전히 운에 달려 있어요. 운에 의해 이후의 모든 삶이 결정된다면 그것은 정말 불공평합니다. 그런 사회에서 희망을 찾기는 어려울 것입니다. 청년이 희망을 갖지 못하는 사회는 이미 죽은 사회입니다.

이런 불공정한 현재가 바로 우리 사회가 선택한 제도의 산물임을 인정하고, 이제 우리는 다른 선택을 준비해야 합니다. 그것이 기본자산이어도 좋고, 기본소득이어도 괜찮습니다.

그 두 가지 모두여도 좋고, 그보다 더 좋은 안이 있으면 더 좋겠습니다. 다만 이대로는 괜찮지 않다는 것, 무엇이라도 바꾸어야 한다는 것입니다.

에필로그

'어떻게 먹고 살지'에서 '무엇을 하며 살지'로

위대한 작가 버지니아 울프

버지니아 울프(Virginia Woolf)는 1918년 2월 어느 날 자신의 인생을 뒤흔든 편지 한 통을 받습니다. 말을 타다가 낙마하여 세상을 떠난 숙모로부터 유산을 받게 되었다는 소식이었죠. 울프는 이제 숙모의 유산 덕분에 매년 500파운드의 이자소득을 얻게 되었습니다. 500파운드는 물가 상승률을 반영해 현재

버지니아 울프(1882~1941)

철저히 남성 중심 사회였던 시대에 문학가로서 명성을 떨친 여성 작가.

의 우리 돈으로 환산하면 약 4,000만 원 정도입니다. 울프가 글을 쓰는 일에만 전념하도록 만들어 줄 수 있는 큰돈이었죠.

극적이게도 이 편지는 1918년 2월 6일 영국 의회가 30세 이상의 여성에게 참정권을 부여하는 결정을 내린 직후의 어느 날 밤에 전해졌다고 합니다. 울프는 참정권과 돈, 그러니까 정치적 자유와 경제적 자유를 동시에 획득하게 된 것입니다. 울프는 이후 자신이 위대한 작가가 될 수 있었던 것은 투표권보다 유산을 받은 것의 영향이 훨씬 더 컸다고 고백했습니다. 누군가 빼앗을 수 없는 안정적인 경제적 기반이 그녀를 글 쓰는 것 이외의 일에서 해방시켜 주었을 테니까요.[1]

이뿐인가요? 레오나르도 다빈치(Leonardo da Vinci), 미켈란젤로 부오나로티(Michelangelo Buonarroti), 갈릴레오 갈릴레이(Galileo Galilei) 등 르네상스를 풍요롭게 수놓은 유명한 인물들 뒤에는 이들에게 지원을 아끼지 않았던 메디치 가문이 있었습니다. 먹고사는 문제에 대한 걱정이 없어질 때 예술가들은 자신의 영혼을 온전히 작품에 담아낼 수 있겠죠. 가나의 기본소득 실험에서 염소와 닭을 받은 사람들이 그렇지 않은 사람들보다 만들기 까다로운 가방을 더 잘 만들어 낸 것처럼요.

경제적 자유는 '아니오'라고 말할 수 있는 힘을 준다

기본소득이나 기본자산의 개념이 당연하고도 자연스럽게 받아들여지는 사회가 온다면 삶의 가장 큰 과제였던 '어떻게 먹고살지'의 문제는 더 이상 우리를 괴롭히지 못할 겁니다. 대신 새로운 질문이 그 자리를 대신하겠죠. 바로 '무엇을 하며 살지'라는 질문 말입니다.

기본소득을 연구하는 대표적인 학자 판 파레이스는 기본소득을 통해 자유를 실현할 수 있다고 말했습니다. '누군가의 간섭으로부터 벗어날 수 있는 자유'를 넘어서는 적극적 의미의 자유 말입니다. 학문에 뜻이 있어 공부를 더 하고 싶은데 돈이 없어서 포기해야 하거나, 상사의 폭언으로 그만두고 싶은 회사를 억지로 다닌다거나, 그림을 그리고 싶은데 회사 다니느라 바빠 시간을 낼 수 없는 사람을 자유롭다고 보기 어렵습니다.

기본소득이나 기본자산의 아이디어는 '원하는 것을 할 수 있는 자유', 즉 적극적이고 실질적인 자유를 확장시킵니다. 일부 계층만 누릴 수 있었던 '무언가를 할 수 있는 자유'가 소득이 많지 않은 사람에게도, 부모로부터 물려받은 재산이 없는 사람에게도 동등한 기회로 부여될 수 있는 조건을 만듭니다.

정치학 박사 김만권은 저서 《열심히 일하지 않아도 괜찮아!》에서 "적절한 소득과 부의 소유가 실질적으로 자유를 누릴 수 있게 하고 불의를 향해 '아니오'라고 말할 힘을 준다."라고 말했습니다. 모두가 자신의 존엄을 지킬 수 있을 정도의 적절한 소득과 부를 가지게 된다면 더 나은 삶을 살 수 있을 뿐만 아니라, 더 민주적이고 정의로운 사회를 만드는 데도 기여할 것입니다.

돈이 삶의 중요한 부분인 것은 사실이지만 모든 것을 해결해 주는 만능열쇠는 아닙니다. 일정한 소득과 부가 보장되는 것이 삶을 풍요롭게 만드는 충분조건은 아니라는 것입니다. 인간은 자신이 사회에 기여하는 의미 있는 존재라고 생각할 때, 다른 사람과 연결된 상태에서 존중받는다는 느낌을 가질 때 비로소 행복해질 수 있습니다. 또한 모든 사람은 자신이 어떤 사람인지를 관계 속에서 파악하죠. 그래서 인간을 사회적 동물이라고 하는 것입니다. 우리 사회는 사회적 동물인 인간이 공동체 속에서 사람들과 교류하고 연대하며 공동체에 기여하는 과정에서 삶의 의미를 찾아갈 수 있는 환경을 제공해야 합니다.

세계는 유례없이 빠른 속도로 변화하고 있습니다. 이 책을 읽고 있는 여러분은 이미 여기에 담겨 있는 미래를 살고 있을지도 모르겠습니다. 4차 산업혁명으로 크게 변화한 노동환경, 불안정한 사회에서 우리가 어떤 삶을 살아갈지는 지금 우리의 선택에 달려 있습니다.

주

1 모두가 잘 먹고 잘 살 수 있을까?

1 대니얼 서스킨드 지음, 김정아 옮김, 《노동의 시대는 끝났다》, 와이즈베리, 2020, p. 27.

2 장하준, 《장하준의 경제학 강의》, 부키, 2014, p. 63~64.

3 위의 책, p. 73.

4 다음백과, '헨리 포드'〈https://100.daum.net/encyclopedia/view/b23p2884a〉

5 〈'로봇 밀도' 들어보셨나요? 한국이 세계에서 가장 높다는데…〉, 《한겨레》, 2022. 12. 9.

6 〈유발 하라리가 놀란 '짝퉁' 글〉, 《한겨레21》, 2022. 10. 25.

7 〈정규직 '시간당 24409원' 벌 동안… 비정규직은 고작 17233원 벌었다〉, 《매일경제》, 2023. 5. 23.

8 〈비정규직·노동시간 굴레에 갇혀… 돈과 일에 매몰된 한국 사회〉, 《경향신문》, 2023. 5. 4.

9 세계은행(The World Bank) 오픈 데이터, 〈Poverty headcount ratio at $2.15 a day〉〈https://data.worldbank.org/indicator/SI.POV.DDAY?locations=1W&start=1984&view=chart〉

10 〈[르포] 불평등 만연한 브라질… 대선이 반전의 계기가 될까〉, 《뉴스1》, 2022. 10. 28.

11 〈브라질 빈민촌, 파벨라의 눈물〉, KBS 스페셜 다큐멘터리, 2016. 8. 13.

12 〈[Science&] 가난, 인간의 뇌를 바꾼다〉, 《매일경제》, 2017. 8. 4.

13 조지프 스티글리츠 지음, 이순희 옮김, 《불평등의 대가》, 열린책들, 2013, p. 215.

2 지켜줄게, 오늘의 삶

1 〈[단독] 1명이 최대 300가구 보는데… 민원인에게 맞고 살해 협박도… 복지 공무원은 멍든다〉, 《서울신문》, 2022. 9. 28.

2 〈2022년 8월 경제활동인구조사 근로형태별 부가조사 결과〉, 통계청, 2022〈https://www.kostat.go.kr/board.es?mid=a10301030200&bid=210&act=view&list_no=421333〉

3 〈퀵배달로 年수입 650만 원… '노동법 밖' 노동자 35만 명 급증〉, 《조세일보》, 2022. 2. 8.

4 〈삼성·하이닉스도 디지털세… 한국, 구글 등에 더 걷어 '실보단 득'〉, 《한겨레》, 2021. 10. 10.

5 〈"10년 내 AI·로봇이 일자리 절반 대체"〉, 《조선일보》, 2017. 5. 16.

6 〈로봇에 세금 물릴 수 있을까… 로봇세가 인간을 구할 수 있을까〉, 《경향신문》, 2018. 10. 20.

7 〈불붙은 로봇세 논쟁… "소득 올리면 세금" vs "혁신엔 과세 말아야"〉, 《한국경제》, 2017. 3. 23.

3 조건 없는 소득, 새로운 세상을 꿈꾸다

1 〈[고전 이야기] 기본소득 월 300만 원씩 받는 세상은 유토피아일까요?〉, 《조선일보》, 2016. 7. 7.

2 〈기본 소득의 역사〉, '똑스' 공식 홈페이지〈https://www.dokdok.co/brief/ubitimeline〉

3 토머스 모어 지음, 박문재 옮김, 《유토피아》, 현대지성, 2020, p. 39.

4 〈[세미콜론 카드뉴스 #0049호] 민컴 프로젝트; 가난하면 아이큐가 나쁘다?〉, '세미콜론' 네이버 블로그, 2018. 5. 11〈https://blog.naver.com/semicolon_project/221272891600〉

5 KBS 명견만리 제작진, 《명견만리: 공존의 시대 편》, 인플루엔셜, 2019, p. 31~32.

6 오준호, 《기본소득이 세상을 바꾼다》, 개마고원, 2017, p. 87.

7 김교성 외, 《기본소득이 온다》, 사회평론아카데미, 2018, p. 151~153.

8 김민수, 〈기본소득보장제도 국가 간 비교연구〉, 부산대학교 대학원, 2018, p. 45.

9 세계은행(The World Bank) 오픈 데이터, 〈Income share held by highest 10% - Namibia〉〈https://data.worldbank.org/indicator/SI.DST.10TH.10?contextual=aggregate

&locations=NA〉

10 〈[글로벌 리포트] 아프리카 나미비아의 기본소득 실험〉,《KBS뉴스》, 2017. 7. 8.

11 〈뜻밖의 선택〉, 지식채널e, 2011. 3. 28〈https://jisike.ebs.co.kr/jisike/vodReplayView?siteCd=JE&prodId=352&courseId=BP0PAPB0000000009&stepId=01BP0PAPB0000000009&lectId=3071396〉

12 정회윤, 〈미래 기본소득 도입에 대한 정책 연구〉, 성균관대학교 박사논문, 2021.

13 김민수, 앞의 책, p. 46, 재인용.

14 〈에스테르 뒤플로-힘든 시대의 경제학 3강 보편적 기본소득 vs 선별적 복지제도〉, EBS 위대한 수업, 그레이트 마인즈, 2022. 1. 27〈https://www.ebs.co.kr/tv/show?lectId=60171458〉

15 아비지트 배너지 외 지음, 김승진 옮김, 《힘든 시대를 위한 좋은 경제학》, 생각의힘, 2020, p. 494.

16 〈핀란드 기본소득 실험 실패? "행복감 높여 주는 복지 효과 확인"〉,《한겨레》, 2020. 5. 7.

17 〈[김희삼의 인적자본론] '다이내믹 코리아'와 '수저계급론'〉, 《나라경제》 2018년 3월호, 2018.

18 〈서울대 로스쿨 69%, 의대 85%… 연소득 1억 넘는 집 자녀〉,《조선일보》, 2020. 10. 20.

19 〈"소득격차 원인 '부모의 부'"… 한국, OECD 2배〉,《한겨레》, 2021. 11. 19.

20 〈가난한 사람들은 이제 희망을 품지 않는다〉,《시사IN》, 2021. 5. 4.

21 위의 책.

22 〈2022년 특별 기획/이종호의 시민권 미국사 〈1〉 아메리칸 인디언〉, 《중앙일보》, 2022. 1. 8.

23 〈Chief Seattle's Speech〉, 《Suquamish Tribe》, 2017. 1. 3〈https://suquamish.nsn.us/home/about-us/chief-seattle-speech/〉

24 오준호, 앞의 책, p. 147.

25 이노우에 도모히로 지음, 김소운 옮김, 《모두를 위한 분배》, 여문책, 2019, p. 34~37.

26 〈초고속 인터넷망 구축과 한국판 뉴딜의 닮은 점은?〉, '정책주간지 K공감' 네이버 포스트, 2020. 12. 22〈https://post.naver.com/viewer/postView.naver?volumeNo=30273172&memberNo=25324157&vType=VERTICAL〉

27 〈[팩트체크] 기본소득제, 美알래스카만?… 해외사례 보니〉,《연합뉴스》, 2021. 2. 10.

28 김교성 외, 앞의 책, p. 291~308, 339~340.

29 양재진·윤성원·장우윤, 〈한국인의 복지 및 기본소득 관련 증세 태도 연구〉, 《예산정

책연구》 10권 2호, 2021.
30 〈대공황과 뉴딜, 한국판 뉴딜의 시사점〉, SPRI 소프트웨어정책연구소, 2020. 6. 26 〈https://www.spri.kr/posts/view/22990?code=data_all〉
31 tvN〈벌거벗은 세계사〉제작팀,《벌거벗은 세계사: 사건편》, 교보문고, 2022, p. 131~134.
32 이노우에 도모히로 지음, 앞의 책, p. 263~280.
33 오준호, 앞의 책, p. 139.
34 다니엘 헤니·필립 코브체 지음, 원성철 옮김,《기본소득, 자유와 정의가 만나다》, 오롯, 2016, p. 47~48.
35 KBS 명견만리 제작진, 앞의 책, p. 33.

4 사회가 물려주는 유산, 내일을 열다

1 Bruce Ackerman·Anne Alstott, *The Stakeholder Society*, Yale University Press, 1999, p. 182.
2 김공회,《기본소득, 공상 혹은 환상》, 오월의봄, 2022, p. 133.
3 김종철,《기본소득은 틀렸다》, 개마고원, 2020, p. 67.
4 플라톤 지음, 박종현 옮김,《플라톤의 법률》, 서광사, 2009, p. 391.
5 맹자 지음, 김원중 옮김,《맹자》, 휴머니스트, 2021, p. 58.

에필로그

1 이원재,《소득의 미래》, 어크로스, 2019, p. 272~274.

참고 문헌

2 지켜줄게, 오늘의 삶

김만권, 《새로운 가난이 온다》, 혜다, 2021.

김철식 외, 《모두를 위한 노동 교과서》, 오월의봄, 2021.

오준호, 《기본소득이 세상을 바꾼다》, 개마고원, 2020.

홍기빈 외, 《기본소득 시대》, 아르테, 2020.

4 사회가 물려주는 유산, 내일을 열다

김만권, 《열심히 일하지 않아도 괜찮아!》, 여문책, 2018.

김종철 외, 〈기본자산제 논의의 역사〉, 《동향과 전망》 113호, 2021.

이미지 출처

6쪽 위키커먼스(©Jean-Marc Côté)

20쪽 위키커먼스(©Manchester City Council)

25쪽 미국 국립문서기록관리청(NARA)

34쪽 위키커먼스(©Taste of Cinema)

51쪽 옥스팜(Oxfarm)

66쪽 유니프랑스(Unifrance)

106쪽 위키아트(©eburodunum)

125쪽 EPA(photo by Kimmo Brandt)

135쪽 영화사 진진

176쪽 콜럼비아 픽처스(Columbia Pictures)

195쪽 연합뉴스

202쪽 위키커먼스(©George Charles Beresford)

- 크레디트 표시가 없는 이미지는 셔터스톡 제공 사진입니다.
- 이 책에 쓰인 이미지 중 저작권자를 찾지 못하여 게재 동의를 얻지 못했거나 저작권 처리 과정 중 누락된 이미지에 대해서는 확인되는 대로 통상의 절차를 밟겠습니다.

노동 없는 미래, 새로운 복지가 필요해

1판 1쇄 발행일 2023년 7월 17일
1판 2쇄 발행일 2024년 11월 11일

지은이 김상희 · 김한솔 · 정민정 · 한선아
기획 대안사회교사모임

발행인 김학원
발행처 (주)휴머니스트출판그룹
출판등록 제313-2007-000007호(2007년 1월 5일)
주소 (03991) 서울시 마포구 동교로23길 76(연남동)
전화 02-335-4422 **팩스** 02-334-3427
저자 · 독자 서비스 humanist@humanistbooks.com
홈페이지 www.humanistbooks.com
유튜브 youtube.com/user/humanistma **포스트** post.naver.com/hmcv
페이스북 facebook.com/hmcv2001 **인스타그램** @humanist_insta

편집주간 황서현 **편집** 윤소빈 이영란 **디자인** 유주현 **일러스트** 미늉킴
조판 홍영사 **용지** 화인페이퍼 **인쇄 · 제본** 정민문화사

ISBN 979-11-7087-013-5 43300